혼자라서
행 복 한
이   유

The reason why I'm happy for being alone

혼자라서
행복한
이유

잃어버린
나를 찾는
힐링타임

오정욱 지음

레몬북스
lemon books

모든 가능성의 총합, 본질, 중심,
나눌 수 없는 불가분의 것

본연(本然), 처음, 시초(始初)

삶의 변화 시작

혼자만의 시간과
마주하기

글을 쓰면서 큰 보람을 느낄 때가 있다. 바로 남들이 지나쳤던 것들, 그 속에 숨어 있는 어떤 의미를 나 혼자 발견할 때이다. 혼자 고독에 잠겨 있던 그 시간들이 내게 준 인생의 선물은 실로 크다. 하지만 그동안은 미처 알지 못했다. 이 사실을 깨달은 순간부터 글을 쓰기 시작했다.

지금 우리에게 절실한 것은 고독에 대한 부정적 시각을 걷어내고 긍정적 측면의 고독, 그 혼자만의 시간과 마주하는 것이다. 이제 '혼자'라는 키워드가 사회적 트렌드가 되면서 예전보다는 그 이미지가 나아지고 있긴 하다. 하지만 여전히 안 좋은 시각을 갖고 있는 이가 대다수다.

이미지는 실체의 본모습을 가린다. 그 이미지 너머를 볼 수 있을 때 비로소 별처럼 반짝이는 삶의 지혜에 다가갈 수 있다. '혼자'에 대한 인식이 온전히 긍정적으로 바뀌었을 때 비로소 내면에서부터 비약적인 성장을 꿈꿀 수 있다.

힘 있는 거대 집단의 구성원은 그 조직의 간판 덕분에 개인 또한 영향력이 있는 것처럼 보인다. 개인을 집단과 동일시하는 데서 비롯된 현상으로, 이 동일시도 어디까지나 생산성과 경제적 효율성이 있을 때를 전제로 한다. 나이 들어 통찰의 지혜가 쌓여 능력이 더 커질지라도 성장의 한계에 부딪힌 집단은, 개인을 때가 되면 갈아치워야 하는 배터리로 보게 마련이다.

나는 집단의 소유가 아니듯 집단의 간판 역시 필요할 때 잠시 빌려 쓴 것일 뿐 내 것이 아니다. 나는 집단 속에 극히 작은 일부분에 지나지 않지만, 또 누군가에게는 세상의 전부이기도 하다.

혼자 남겨졌을 때 최후가 되는 것은 아니다. 최후라고 생각하는 그 시점이 진짜 마지막이다.

누군가와 함께해야만 멀리 갈 수 있는 것은 아니다. 별은 스스로 빛을 낸다. 스스로 빛을 낼 때 다른 행성들도 그 빛을 반사시켜 빛을 낼 수 있다.

혼자 설 때 진정한 자유를 찾을 수 있다. 그럴 때 자신감도 회복할 수 있다. 나답게 살아갈 수 있다는 것을 믿자.

가끔 올려다본 밤하늘에 별 하나 없다고 실망하지 말자. 누구나 가슴속에 자신만의 반짝이는 별이 있으니까. 수많은 별의 반짝거림은 황홀하지만, 그 속에서 혼자 빛나는 나만의 별이 있음을 기억하자.

혼자의 삶을 살아가며 혼자가 되는 것을 두려워하는 이 땅의 모든 이에게 이 책을 바친다.

2016년 1월
오정욱

Contents

The reason why I'm happy for being alone

Chapter 1

나 혼자만이

내가 나에게

나를 잊지 않았으면 해
나를 제일 잘 아는 사람이 나였으면 해
내가 혹시 깜박하고 나를 너무 혹사시키면
나를 위해서 잠시 쉬라고 말해줘

아침에 한 번 저녁에 한 번
나에게 밝은 인사를 해주었으면 해
간밤에 잠은 잘 잤냐고
오늘 하루 정말 수고 많았다고

남자답게 또는 여자답게라는 말보다
나답게라는 말을 들을 수 있는
그런 나로 살아가도록 응원해주었으면 해

나에게만큼은 진실해달라고 말해주었으면 해
내 인생의 주인은 바로 나라는 걸
잊지 않았으면 해
나는 정말 소중한 사람이라고
확신에 찬 말투로 말해주길 바래.

• The reason why I'm happy for being alone •

첫발

당신은 전혀 기억하지 못하겠지만, 아주 어릴 적에 가장 큰 환호를 받았던 적이 분명 있다.

갓 태어난 아기는 꼼지락거리는 정도로 팔다리를 움직인다. 시간이 흘러 어느 정도 팔다리에 힘이 생기면 뒤집기를 시도한다. 그다음, 두 팔은 발이 되어 네 발로 기어 다닌다. 그렇게 아기는 일어서려고 숱하게 노력한다. 뼈는 아직 무르고 근육도 없는 물렁살의 아기는 자신의 처지를 전혀 모른다. 누가 시킨 것도 아닌데 틈만 나면 일어서려고 갖은 애를 쓴다. 아기는 넘어질 것에 대한 걱정을 하지 않는다. 아니 걱정이라는 개념조차 없다는 게 더 정확할 것이다. 그렇기에 넘어져도 포기하지 않고 계속 일어서려고 한다.

마침내 기적 같은 일이 벌어진다. 대략 한 살을 전후해서 기어코 두 발로 위풍당당하게 서는 것이다. 아기는 누구의 도움도 없이 근육과 뼈가 여물지 않은 물렁한 두 다리로 혼자 일어선다. 땅을 딛고 한 걸음 두 걸음 세 걸음 옮기기 시작한다. 그동안 발 역할을 했던 두 팔이 드디어 자유를 얻는 순간이다. 부모는 환호성을 지른다. 심지어 감격의 눈물을 흘리기도 한다. 생애 가장 감동적이고 가슴 뭉클한 순간이 아닐 수 없다. 그 조그만 것이 혼자 힘으로 선 그때를 부모는 평생 기억한다. 왜 그 순간이 그토록 기쁘고 감격스러운지는 부모라면 누구나 공감할 것이다.

그랬다. 당신도 아주 오래전에 이미 혼자 섰던 경험이 있다. 단지 그것을 기억하지 못할 뿐이다.

어렸을 적, 나는 자전거를 즐겨 탔다. 당시에는 지금처럼 보조바퀴가 달린 자전거가 없었다. 그랬기에 처음부터 성인이 타는 큰 바퀴의 자전거를 타야 했다. 처음에는 형이 잡아주었지만 무작정 잡아줄 순 없는 노릇! 나는 혼자 힘으로 자전거 타기를 시도하면서 넘어지기를 수없이 반복했다. 얼마나 넘어졌을까. 나는 페달 두 개를 번갈아 밟으면서 드디어 넘어지지 않고 자전거를 타는 데 성공했다. 그 기쁨의 순간을 수십 년이 지난 지금도 생생히 기억한다. 물을 무서워했던 어린 시절, 수영을 배우면서 보조 도구 없이 홀로 물 위에 떴던 순간 또한 여전히 잊히질 않는다.

　이처럼 무언가를 혼자 힘으로 해내면 특별한 느낌이 든다. 여럿이 힘을 합쳐 뭔가를 얻어냈을 때와는 확연히 다른 느낌이다.

　우리는 누구나 크고 작은 홀로서기를 이미 경험했다. 그중에서도 가장 드라마틱한 경험은 단연 두 발로 섰을 때일 것이다. 그 기분은 세월이 한참 흘러 부모가 되었을 때 비로소 깨닫게 되겠지만, 어쨌든 당신도 혼자 힘으로 일어섰던 그때가 있었음을 잊지 말아야 한다. 그리고 …… 세상에는 홀로 서야 할 무대가 아직 많이 남아 있다.

• The reason why I'm happy for being alone •

별일 없기

●
●

"별일 없지?"

오랜만에 안부를 묻는 가장 흔한 말. 이 말을 하면서 상대방 또는 나는 별일이 있기를 바라는 걸까, 아니면 별일이 없기를 바라는 걸까? 그 별일이라는 것은 바람직한 일일까, 바람직하지 않은 일일까?

'별일'에는 몇 가지 의미가 내포되어 있다. 예컨대 '별일 다 봤네'에서 '별일'이란 희한한 일, 괴상한 일, 어이없는 일, 이해하기 힘든 일을 의미한다.

나무 그늘 아래에서 쉬고 있는데, 새똥을 맞았다면 별일이 된다. 평소 무뚝뚝한 남편이 갑자기 다정한 말투로 아내에게 선물까지 하면 역시 별일이다.

'별'은 특별하다 할 때의 '별'이다. '차별화'에서 별은 남과 다른 독특함을 의미한다. '별'은 '보통이 아닌, 평범하지 않은, 일상적이지 않은'의 의미를 담고 있다. 전자의 '별일'이 부정적인 의미라면 후자의 '별일'은 긍정적인 의미이다. 부정적 의미이든 긍정적 의미이든 두 경우 모두 일상적이지 않다는 공통점을 가지고 있다.

일반적으로 "별일 없어?" 하는 말 속에는 상대에게 근심, 걱정거리 등 안 좋은 일이 없기를 바라는 마음이 담겨 있다. 주로 가족, 친지 들에게 쓴다. 또는 귀가 번쩍 뜨일 만한 뉴스거리나 흥미진진한 일이 없는지를 의미하기도 한다. 주로 지인들 사이에서 쓴다.

혼자 사는 1인 가족이 계속 늘어나면서 "별일 없어?" 하는 말을 앞으로 더 자주 듣고 쓰게 될 것이다.

부모는 혼자 사는 자식을 늘 걱정한다. 밥은 제때 먹고 다니는지, 건강에 이상은 없는지 항상 마음을 쓴다. 자식은 걱정하지 않아도 된다고 늘 말하지만, 본인도 커서 어른이 되고 아이를 낳으면 똑같은 상황이 반복된다.

혼자 사는 사람일수록 별일 없이 잘 지내야 한다. 더 잘 챙겨먹고 운동도 더 열심히 해야 한다. 혼자 있을 때도 스스로를 잘 챙기는 사람이 진짜 잘 사는 사람이다.

나를 보는 나

살면서 기분 나쁜 일 중 하나가, 오랫동안 믿고 있었는데 속임수에 당했다는 사실을 뒤늦게 알았을 때일 것이다. 이런 경험은 누구에게나 있게 마련이다. 그만큼 세상에는 속임수가 넘쳐난다. 사실, 마음먹고 주도면밀하게 궁리한다면 타인을 속이는 것은 일도 아니다.

다만, 절대적으로 속일 수 없는 존재가 있으니, 그것은 바로 자신이다. 다른 사람 몰래 은밀히 반칙을 해서 이길지라도 그 사실을 알고 있는 나 자신이 있는 한 이미 진 것이다.

가끔 양심선언을 하는 사람들이 있다. 양심선언에는 참회와 반성이 담겨 있다. 자신의 실수와 잘못된 행동을 인정하고 시인함으로써 무거운 가면을 벗는다.

· The reason why I'm happy for being alone ·

반면, 그 이상의 잘못을 저지르고도 양심의 가책은커녕 잘못을 결코 인정하지 않는 파렴치한도 있다. 자신의 과오를 인정하자면 그동안 쌓아왔던 명성과 권위가 일순간 무너지기 때문이다. 잃을 게 많은 사람은 쉽게 가면을 벗지 못한다. 참으로 불쌍한 존재가 아닐 수 없다. 평생 타인의 눈에 기준을 맞추고 살아갈 테니까 말이다.

우리 사회는 적당히 비겁하고 적당히 타협하는 지혜(?)를 강요한다. 그래야 밥줄이 끊기지 않을 거라 넌지시 알려준다. 생계 때문에 어쩔 수 없이 적당히 맞추는 생활을 계속하지만, 내면에서는 끊임없이 내 안의 나와 밖으로 표출된 내가 충돌한다. 인간의 마음은 솔직하지 않을 때 흔들리게 마련이다. 아니라고 말하고 싶은데, 막상 튀어나오는 말은 다른 말을 한다. 후회는 남아도 어쩔 수 없다고 스스로를 다독이면서…….

혼자임에도 불안해하지 않고 오히려 당당한 사람이 있다. 왠지 자신감 넘치는 그런 사람은 내면의 나에게 충실한 인물이다. 내면의 나에게 충실할 때 확신이 서는 나를 만날 수 있다. 내면에서 발현된 확신은 삶의 기준이 되고 삶의 가치관으로 이어진다. 그럴 때 유혹에 흔들리지 않고, 어려움에 굴복하지 않으며, 남에게 휘둘리지 않는 튼실한 내공이 생긴다.

타인에게 내 솔직함을 인정할 때보다 나 스스로에게 인정할 때가 더 큰 용기를 필요로 한다. 갈릴레오 갈릴레이는 재판에서 지동설을 거짓으로 부정했지만, 속으로는 '그래도 지구는 돈다'고 생각하며 자신의 신념을 고수했다. 진실은 겉으로만 보이는 게 전부가 아니다. 진정한 진실은 내면에 있다. 나를 보는 내가 없으면 내 모습을 타인들의 기준에 맞출 수밖에 없다. 따라서 내면의 나를 따르기 위해 의식해야 할 것은 다른 사람이 아닌, 바로 나를 보는 나여야 한다.

나 혼자만이

나 혼자만이 그대를 알고 싶소
나 혼자만이 그대를 갖고 싶소
나 혼자만이 그대를 사랑하여
영원히 영원히 행복하게 살고 싶소
영원히 영원히 행복하게 살고 싶소

나 혼자만을 그대여 생각해주
나 혼자만을 그대여 사랑해주
나 혼자만을 그대여 믿어주고
영원히 영원히 변함없이 사랑해주

_나 하나의 사랑(1955년 송민도 노래, 손석우 작곡)

이 노래는 까칠한 독거노인 성칠(박근형 분)이 주인공으로 등장한 영화 〈장수상회〉에 나온다. 금님(윤여정 분)은 놀이동산 화장실에서 볼일을 보는 동안 성칠에게 노래 한 곡을 부탁한다. 그때 성칠이 난감해하며 부른 노래인데, 은근히 중독성 있는 가사와 선율이 마음을 녹인다.

무려 60년 가까이 된 이 노래는 지금 들어봐도 공감이 간다. 그만큼 사랑은 인간에게 시대를 초월하는 영원한 주제일 것이다. 이 노래에서 특히 마음이 가는 노랫말은 '나 혼자만이'다. 사랑하는 상대를 오직 나만이 알고 싶은 마음, 나만이 행복하게 해주고 싶은 마음은 동서고금 남녀가 다르지 않다. 내가 아닌 다른 이가 내 연인을 기쁘게, 행복하게 해준다면 그처럼 씁쓸한 일도 없을 것이다. 내가 해야 할 일을 남에게 빼앗긴 것일 테니까. 내면의 내가 한없이 초라해지는 것은 물론이다.

남녀 간의 사랑은 온전히 단 한 사람을 향했을 때 외롭지 않은 사랑이 될 수 있다. 다수를 향하는 사랑은 어쩔 수 없이 외로울 수밖에 없다. 외롭지 않으려면 나 혼자만이 단 한 사람을 사랑해야 한다. 다수가 얽힌 사랑은 시기와 질투로 불이 붙을 뿐이다. 사랑은 한 사람에게만 허락될 테니까.

당연히 이성과의 사랑은 일대일 사랑이어야 한다. 그래야 평화롭다. 나 혼자만이 하고 싶고 나 혼자만이 받고 싶은 것, 그게 사랑이다.

• The reason why I'm happy for being alone •

나에게 눈을 뜰 시간

나와 아내는 8년째 주말부부를 하고 있는데, 많은 이가 이런 처지의 나를 부러워한다. 정작 나는 가족과 떨어져 있기에 마음이 아픈데 말이다.

왜 그들은 나를 동경하는 것일까? 이는 가장이자 직장인으로서 받는 대인관계 스트레스가 상당하고, 그렇기에 혼자 있고 싶은 욕구가 크다는 것을 보여주는 방증이다. 직장 내 관계의 스트레스를 직장 외 관계에서 푸는 여성들과 달리, 남성들은 혼자 있는 시간을 통해 스스로 풀려는 경향이 있다. 그래서 혼자 담배를 피우거나, 혼자 조용한 공원을 거닐거나, 혼자 산행을 가거나, 혼자 여행을 떠나는 모양이다.

사람들은 내게 외롭지 않느냐고 묻곤 한다. 사실, 한때는 외롭다는 생각도 했지만 이미 그 단계는 벗어났다. 지금은 혼자 있는 시간을 즐기기 때문에 외롭다는 생각이 들지는 않는다. 오히려 마음이 같을 수 없는 사람들과 함께 있을 때 외로워지는 것 같다.

물론 같이하면 좋은 게 많다. 하나일 때보다 둘일 때, 셋일 때 생각지 못했던 것을 깨달을 수 있기에 그만큼 위험은 줄어든다. 그렇기에 여러 사람이 모인 집단에서는 분업화한 업무를 상호 협력과 보완으로 협업하며 규모 있는 일을 단기간에 처리한다. 문제는 사람 간의 소통 과정에서, 즉 서로 다른 의견 및 이해관계를 확인하고, 이해하고, 절충하여 타협점을 찾는 과정에서 상당한 에너지가 소비된다는 점이다.

예전처럼 나 자신을 불사르고 희생하는 것만이 왕도는 아니다. 진짜 중요한 것은 나 자신이다. 내가 잘 살아야 사랑하는 가족도 잘 살 수 있다. 혼자 있는 시간이 점점 늘어나는 추세 속에서, 그동안 간과해왔던 '나'라는 자아를 재발견해야 한다. 그동안 눈을 뜨기 위해 세상 밖으로 동분서주해왔다면 이제는 나 자신에게 눈을 뜰 차례다. 매일 거울을 보며 나 자신의 모습을 바라보자. 그 속에서 나의 내면을 들여다보며 나 자신에게 관심을 기울여보자.

나는 클래식 마니아이다. 음악가 중 쇼팽을 가장 좋아한다. 40대 초반이라는 뒤늦은 나이에 피아노를 배운 까닭도 쇼팽의 작품을 한번 쳐보고 싶었기 때문이다.

쇼팽은 한마디로 피아노라는 악기의 개성을 가장 잘 드러낸 음악가다. 개인적으로 가장 즐기는 곡은 녹턴 제20번 올림다단조(C# minor)이다. 신이 아니고서는 어떻게 이런 음악을 만들어냈는지 들을 때마다 감탄이 절로 나온다. 쇼팽의 곡을 감상하면 마음이 차분히 가라앉고 어느새 응고된 감정이 스르르 풀리면서 선율 따라 자유로이 떠다니는 나를 발견한다.

피아니스트라면 누구나 꿈꾸는 무대에서 한국인의 우승 소식이 날아들었다. 5년 만에 열린 2015년 쇼팽 국제 피아노 콩쿠르에서 마지막 경연 협주 연주곡은 스물한 살의 청년 조성진의 몫이었다.

"아무 생각도 하지 않으려 했어요. 오직 나의 연주만 집중해서 들었습니다."

리포터가 오늘 연주 어땠냐는 질문에 조성진이 한 말이다.

수천 명의 청중이 숨죽여 지켜보는 밀폐된 공간, 모든 시선을 한 몸에 받는 피아노 독주 자리에서 어느 연주자가 평온할 수 있을까? 잠시라도 정신을 다른 데 빼앗기면 흐름이 끊겨 망칠 수 있는 부담스런 자리에 그것도 장장 40여 분간 손가락이 경련이 나도록 연주해야 한다. 큰 무대인 만큼 평상심을 갖기 힘들고, 중압감을 이기지 못하면 제 실력을 내기란 어려운 자리다. 그럴 때 필요한 건 단 하나, 바로 자기 자신에게 온 정신을 집중하는 일이다. 그렇게 하지 않으면 완주를 할 수 없다.

조성진의 독특한 점은 연주에 온 정신을 쏟는 차원을 뛰어넘어 자신이 연주하는 소리에 완전히 집중한다는 것이다. 연주자이면서 동시에 스스로 청중이 되는 것이다. 나에게 눈을 뜨는 시간을 실로 온전히 갖는 것이다.

'그 사람에게 나는 누구인가?'

지금까지 이 질문 속에서 살아왔다면, 이제 새로운 인생을 위해 질문부터 확 바꿔보자.

'나는 누구인가?'

나에게 집중하면서 나 자신을 알려는 노력이 있을 때 성장이라는 기회의 문이 열린다.

• The reason why I'm happy for being alone •

새로운 발견

•

•

역사적으로 거대한 변혁을 이끈 자연법칙과 원리는 대개 혼자 있을 때 발견되었다.

고대 그리스의 수학자이자 물리학자인 아르키메데스는 왕관이 진짜 순금으로 되었는지 알아내라는 왕의 명을 받고 깊은 고민에 빠졌다. 그는 목욕탕 욕조에 몸을 담그는 순간, 물이 넘쳐나는 것을 우연히 보고 알몸으로 뛰쳐나오며 외쳤다.

"유레카(Eureka, 알아냈다)!"

아르키메데스는 왕관 그리고 그것과 똑같은 질량의 순금을 물속에 넣어 흘러넘친 물의 부피를 비교했다. 이를 통해 그 차이를 확인했고, 그렇게 순금으로 만들어진 왕관이 아님을 밝혀냈다.

고도의 사고력과 통찰력을 요하는 어떤 원리나 법칙의 발견은 확실히 집단일 때보다는 혼자일 때 더 유리하다.

　집단 안에서는 개인의 자유로운 상상을 제약하는 많은 저항이 따른다. 한 사람의 아이디어는 비현실적으로 평가되거나 아예 무시되어 더 이상의 논의를 불가능하게 만들기도 한다. 관점과 초점이 수시로 바뀌다 보니 하나에 집중할 수 없다.

　반면, 혼자일 때는 어느 누구도 제약을 가하거나 조건으로 구속하지 않으므로 얼마든지 자유롭게 상상할 수 있다. 어느 한 가지 생각을 오랫동안 진득하게 머릿속에 담을 수 있고, 어떤 문제에 대해 끊임없이 질문을 던지면서 해결책을 강구한다. 그 과정에서 두뇌는 주변에서 일어나는 현상들을 풀리지 않는 의문에 투영시킨다. 즉, 풀리지 않는 문제의 관점으로 세상을 봄으로써 문제 해결의 실마리를 찾는 것이다.

　뉴턴은 만유인력의 법칙을 발견하기 이전부터 캘빈 같은 천체 학자의 이론을 통해 인력의 존재를 알고 있었다. 그는 이를 가시적으로 어떻게 확증할 것인지를 고민했다. 그런 와중에 우연히 사과가 떨어지는 것을 보고 문제 해결의 영감을 얻었다. 과연 사과만이 뉴턴에게 영감을 줄 수 있었던 것일까? 그렇지 않았을 것이다. 뉴턴은 이미 영감을 받을 준비가 된 상태였기 때문에 가령 새가 날다가 똥을 싼다든지, 길 가던 여인이 모자를 떨어뜨리는 모습을 통해서도 영감을 받았을 것이다.

1947년 동오사카시에는 '겐로쿠'라는 일식집이 있었다. 그 음식점의 주인은 시라이시 요시아키였다. 단골은 대개 공장의 직공들이었는데, 문제는 모두 주머니 사정이 넉넉지 않은 손님들이었다는 것이다. 그는 어떻게 하면 값싸고 질 좋은 초밥을 이들에게 제공할 수 있을지 고민했다. 어느 날, 그는 우연히 아사히 맥주 공장을 견학하게 되었다. 그는 이때 인생의 대전환기를 맞이하게 되는데, 남들 눈에 특별할 것 없어 보이는 맥주 공장의 컨베이어 벨트가 그의 눈에 확 들어왔다. 그것은 그간의 오랜 고민을 단번에 해결해줄 기막힌 장치였다. 회전 초밥은 그렇게 탄생되었다.

흔히 어떤 문제가 있으면 혼자 고민하지 말라고 한다. 인간관계로 인한 스트레스는 누군가에게 털어놓음으로써 부담이 덜어지기도 한다. 그러나 어떤 문제를 건설적으로 해결하는 데에는 시간이 더디고 어렵더라도 혼자 고민하는 게 더 나을 수 있다. 많은 이가 어렵고 힘들어질라치면 그 즉시 남의 도움을 쉽사리 청한다. 빨리 그 곤란에서 벗어나려고 하는 것이다. 그 과정에서 스스로 생각하고 고민하는 노력이란 있을 수 없다. 언뜻 보기에 혼자 생각하고 고민하는 것은 그리 생산적이지 않게 보인다. 그러나 길게 보면 오히려 더 큰 깨달음과 발견을 할 기회를 열어준다.

세상 밖으로 나오려면 먼저 나 자신의 발견이 있어야 한다. 나 자신의 발견은 지금 무엇을 생각하고 어떻게 살아가는지 그 현 위치는 물론 어떤 방향으로 나아가야 할지도 알게 해준다. 따라서 나 자신을 발견하기 위해서는 반드시 혼자만의 시간을 가져야 한다.

'줄탁동시(啐啄同時)'라는 말이 있다. 병아리가 세상 밖으로 나오기 위해 안에서 부리로 껍질을 쪼면 어미 닭이 듣고 함께 쪼아서 알을 깨뜨린다는 의미다. 병아리조차도 바깥세상으로 나가기 위해 알 껍질을 스스로 쫀다. 안에서 껍질을 두드리지 않는 병아리는 당연히 알에서 나올 수 없다.

처음부터 타인의 도움을 요청하기보다는 일단 혼자서 해보아야 한다. 스스로 노력도 하지 않는 이에게 선뜻 도움의 손길을 내밀 사람은 없다.

07

남몰래 흘리는 눈물

•
•

19세기 이탈리아 가극계의 대가 가에타노 도니체티가 작곡한 75개의 오페라 중 단연 으뜸은 〈사랑의 묘약〉의 아리아 '남몰래 흘리는 눈물'이다. 루치아노 파바로티가 불러서 더욱 유명해진 이 곡은 한 번 들으면 절로 작품에 감정이 이입되고 순화되는 명곡 중의 명곡이다.

오페라 〈사랑의 묘약〉의 흐름은 이렇다.

평범한 시골 농부 네모리노는 순진하기 짝이 없는 청년으로, 농장주의 딸 아디나를 짝사랑한다. 그는 사랑을 이루게 해주는 묘약이라는 약장수의 말에 속아 싸구려 술을 비싼 값에 사버린다. 내일 당장 사랑이 이뤄진다는 약장수의 말을 믿고 그는 사랑의 묘약을 마신다. 기분이 고취된 그는 평소 숫기 없는 모습을 내던진 채 술기운을 앞세워 아디나를 함부로 대한다. 이에 화가 난 아디나는 그의 경쟁자인 하사관 벨코레와 결혼하겠다고 폭탄선언을 한다.

사랑의 묘약이 효과가 없자 네모리노는 그저 사랑의 묘약을 더 사고자 한다. 하지만 돈이 없었기에 결국 돈을 받는 조건으로 입대하기로 한다. 한편, 그의 작은아버지가 막대한 유산을 남겼다는 소문이 퍼진다. 이에 마을 아가씨들은 의도적으로 그에게 접근한다. 그는 이러한 상황을 좋은 징조로 여기며 이게 다 사랑의 묘약 덕분이라고 생각한다. 우연히 네모리노가 사랑의 묘약을 사기 위해 군입대를 지원했다는 사실을 알게 된 바로 그때 멀리서 그녀의 모습을 지켜보던 그는 사랑을 확신하며 기쁜 마음으로 노래를 부른다.

바로 이 장면에서 부른 아리아가 '남몰래 흘리는 눈물'이다. 노래 제목과도 같은 'Una Furtiva Lagrima(우나 퍼티바 라그리마)'로 시작하는 이 아리아는 아디나가 겉으론 자신을 사랑하지 않은 척했지만 그녀가 자신 몰래 흘리는 눈물로부터 그녀의 진심 속에 자신이 있다는 걸 알았고, 이제 더 이상 아무것도 바랄 게 없고, 지금 죽어도 여한이 없다는 내용이다. 내용만 보면 기쁨에 넘친 감정을 따라 경쾌하고 활기찬 선율이 펼쳐질 것 같지만, 오히려 느리고 차분하며 구슬프기까지 하다. 순탄하지 않았던 사랑의 확인을 성숙하고 절제된 기쁨으로 노래한 것이다.

살면서 뭔가를 성취했을 때 막상 웃음이 나지 않고 눈물이 나는 경우가 있다. 기쁨이 절정에 달하는 그 순간에 그간의 힘겨웠던 시간들이 봇물처럼 솟구쳐 감정을 자극하기 때문이다. 작곡가 가에타노 도니체티는 바로 그 순간을 상상하며 이 곡을 썼을 것이다.

진심이 베일에 가려져 있을 때는 잘 알 수 없다. 보는 이의 시선이 있으면 자신도 모르게 본심을 감추는 것이 인간이다. 네모리노가 아디나의 진심을 알게 된 순간은 자신이 그 자리에 없을 때 아디나가 혼자 눈물을 흘렸을 때이다. 남몰래 흘리는 눈물 속에서 네모리노는 아디나의 진심을 보았다.

혼자 흘리는 눈물은 누구를 위한 것이 아니고, 누구에게 보이기 위한 것도 아니다. 오직 있는 그대로 자기 자신의 감정에 충실할 때 흘리는 눈물이다. 그 순간 굴곡졌던 감정은 깨끗이 정화된다. 마음이 편해지고 평온해지는 순간이다.

· The reason why I'm happy for being alone ·

진정한 삶의 변화를 원한다면

사람들은 누구나 현재의 삶에서 자신이 꿈꾸는 변화된 삶을 살길 바란다. 이때 간과하는 것 중 하나가 진솔하게 나 스스로와 대면하고 생각하면서 나라는 사람을 집단의 대열로부터 끄집어내는 일이다.

사회생활에서는 위험 회피와 안전 추구를 위해 어떤 일을 혼자 결정하는 것보다 여러 사람의 머리를 모으는 일이 많다. 집단 지성의 힘은 위력을 발휘할 때가 많지만, 자칫 혼자 결정해야만 하는 상황에서 결단을 못 내리는 결정 장애가 될 수도 있다.

나의 눈은 두 개지만 타인의 눈은 훨씬 많다. 나보다 집단이 영향력면에서 크다. 그러다 보면 내 생각, 내 의지보다는 집단의 흐름에 편승하고, 집단의 힘에 내맡겨질 때가 많다. 문제는 이러한 성향이 타성화되고 내성화되면서 내 안에 고착된다는 점이다. 그 여파로 혼자 남겨지는 것에 대한 막연한 두려움이 자라난다. 혼자 있는 공간, 혼자 있는 시간들을 견뎌내지 못한 채 그 불안감을 떨쳐내고자 끊임없이 사람이 모인 곳을 찾아다닌다. 나의 삶에 나는 없고 타인이 존재하는 주객전도의 양상이 반복된다. 사소한 것 하나에도 혹시나 해서 남의 의견을 물어보고, 특별한 것보다는 대중적이고 무난한 것, 위험하지 않은 것, 소외되지 않기 위해 유행을 민감하게 따른다. 아이러니한 것은 그러면서도 이전보다 더 나은 삶의 변화를 꿈꾼다는 것이다. 나는 여전히 타인의 시선과 생각들로 가려져 있는데, 그 속에서 나를 찾고 있는 것이다.

나를 찾기 위해서는 그 가려진 것들을 벗겨내야 한다. 내가 잘 보일 수 있도록 문을 열어야 한다. 겹겹이 쌓여 드러내지 못했던 나의 본모습을 보고 수치심 혹은 후회가 밀려올 수도 있다. 하지만 자신과 조우하는 그 순간을 계속 외면하면 할수록 세상은 변하는 데 비해 나는 계속 정체될 것이다.

진정한 삶의 변화를 원한다면 이제는 집단과 타인들 속에 자신을 묻지 말고 그 속에서 홀연히 나와야 한다. 사람들과 어울리는 동안 외로움은 덜하겠지만, 그만큼 무한한 미지의 세계를 담고 있는 나를 알아갈 시간은 줄어든다. 이제는 나를 만나는 시간을 할애해야 한다. 나를 만나서 묻고 생각하기를 끊임없이 거듭해야 한다.

파도의 일부분이 되려 하지 말고 파도를 일으키는 바람이 될 생각을 해보자. 파도 속에 머무는 한, 바람의 큰 뜻을 알기란 어렵다. 밀물과 썰물이 되어 이리저리 휩쓸리는 한, 파도를 일으키는 바람의 근원이 무엇인지는 절대로 알 수 없다.

그동안 함께 이뤄내는 기쁨을 맛보아왔다면 이제는 혼자 힘으로 이뤄냈을 때의 뿌듯함을 맛볼 차례다. 사람은 뭔가 스스로 해냈을 때 만족감과 자존감이 높아진다. 스스로 무언가를 생각해냈을 때 격이 다른 보람을 느낀다. 진정한 삶의 변화는 타인이 아닌, 나로부터 시작된다.

'Not from you but from me.'

진정한 나는 홀로 깨어 있는 시간을 오래 가지면서 끊임없이 생각하고 자문자답하는 과정을 통해 만들어진다.

The reason why I'm happy for being alone

Chapter 2

혼자라고
불완전한 것은 아니다

혼자인 나

혼자 남겨지는 것이 두려운 건 아니야
혼자라는 생각이 들 때가 외로운 거야
함께 있어도 외로울 때가 있고
혼자 있어도 외롭지 않을 때가 있어

혼자 있는 시간이 좋은 건
나의 존재를 깊이 느낄 수 있어서야
또 다른 나의 이미지를 만드느라
신경 쓰며 고민하지 않아도 되기 때문이야

혼자 있으면 밀려오는 적막의 고요함이
나를 사색의 광장에 데려다 놓곤 하지
밖의 세상보다도 훨씬 넓은 자유의 세계
난 그곳을 마음대로 떠도는 주인이야

사회적 관계 속의 외로움

•

•

이른바 소셜 스마트 시대라고 하는 요즘, 대부분 SNS 한두 개쯤은 하고 있을 것이다. 인류 역사 이래로 한 사람이 이렇게 다양한 직업, 다양한 지역, 다양한 성격의 많은 사람과 관계를 맺은 적은 없었다.

1년에 한두 번 동창회 등에서 만나는 친구보다 이 SNS 친구들과 더 자주 소통한다. 사이버 세상에서 사회적 관계를 맺고 있는 친구들의 직업과 나이는 각양각색이다. 연예인, 모델, 정치인, CEO, 아나운서, 게이머, 작가, 농부, 스포츠맨, 자영업자 등등……. 하지만 실상을 들여다보면 화려한 팔로어(follower)에 비해 내 삶에 진득하게 관계를 맺는 영양가 있는 사람은 그리 많지 않다.

SNS상에서는 다들 잘 먹고 잘 놀러 다니며 잘사는 모습들만 올라온다. 예쁘게 편집된 배경 사진과 이른바 '얼짱 각도'로 찍은 인물 사진이 아니면 감히 올리지 못한다. '좋아요'를 클릭하는 순간 외로움이 파도처럼 밀려든다. 나는 왜 저들처럼 보는 것만으로도 맛있는 그런 음식을 먹지 못하고, 화려한 공연장을 배경 삼아 활짝 웃으며 '인증샷'을 찍지 못하는 걸까?

외로움을 달래줄 줄 알았던 SNS는 그들과 너무 다른 나의 현실을 돌아보게 하며 더 큰 외로움과 초라함을 선사한다. '좋아요'의 클릭 수에 따라 희비가 엇갈린다. 10분 간격으로 접속하면서 '좋아요'의 클릭 수를 체크하고 댓글이 달렸는지 확인한다. 의도하지는 않았지만 점점 SNS에 끌려다니는 자신을 발견한다.

내 포스팅에 '좋아요'를 클릭해주는 친구가 올린 글에 예의상 '좋아요'를 클릭해주는 일은 일도 아니다. 내가 올린 글은 하나지만 타임라인에 올라오는 글은 넘쳐난다. 그 속에 묻혀 있는 나를 드러내기 위해 어느새 대중의 인기에 영합하는 글이나 사진을 가공하여 올린다. 그러다가 문득 '이게 뭐하는 짓이지?' 하는 자괴감이 들기도 하지만 그렇다고 과감히 관두지는 못한다.

시도 때도 없이 울리는 채팅 알림 소리는 하고 있는 일을 방해한다. 가입한 그룹의 멤버 누군가가 새 글을 작성하면 너무도 친절하게 불필요한 알림을 즉각 해준다. 결국 알림 기능을 'off'로 전환하거나 탈퇴를 하고, 소통이 안 되는 사람들은 주기적으로 정리하는 부수적인

• The reason why I'm happy for being alone •

일도 하게 된다.

SNS에서만큼은 불편한 현실을 벗어나 자유롭고 부담 없이 소통할 수 있을 거라고 생각했지만 현실 밖의 또 다른 세계가 SNS라는 걸 깨닫게 된다. 그럼에도 도무지 SNS를 끊을 수 없겠다면 덜 얽매이면서 좀 더 자유로워지기 위한 다음 세 가지를 기억하자.

첫째, 개근을 포기한다.

매일같이 콘텐츠를 올리거나 방문해야 한다는 의무감을 갖지 않는다. 어떤 여정이든 되도록 짐을 가볍게 해야 그 여행이 즐거운 법이다.

둘째, 숫자에 큰 의미를 두지 않는다.

방문자 수와 댓글 수를 세는 순간부터 숫자에 지배당한다. 1년 365일 매일 화창한 날만 지속되는 것은 아니다. 비가 올 수도 있고 눈이 내릴 수도 있고 태풍이 몰아칠 수도 있다. 내 마음대로 제어할 수 없는 날씨처럼 숫자 또한 내 뜻대로 할 수 있는 게 아니다. 내려놓으면 마음이 편해진다.

셋째, 다름을 인정한다.

상처를 받지 않으려면 우선 나부터 타인의 다름을 인정할 줄 알아야 한다. 내 의견과 다른 사람은 그 사람만의 자라온 환경과 여건에 따라 얼마든지 그럴 수 있는 것이다. 그걸 간과하는 순간 내 의견과 다른 사람은 적이 되기 십상이다. 같을 거라는 기대감을 버리자. 그래야 자주적으로 혼자 설 수 있다. 내가 타인의 의견과 다를 수 있는 것처럼 남들 또한 내 생각과 다를 수 있다. 이를 인정할 때 열린 관계의 틀 속에서 자유로워질 것이다.

혼자 남겨졌을 때 남녀의 차이

한 결혼정보 회사가 미혼 남녀를 대상으로 흥미로운 설문 조사를 했다. 혼자 있는 시간에 대해 어떤 느낌을 가지는지 물었는데, 여성 대다수는 '즐겁고 편하다'고 답한 반면 남성 과반수는 '외롭고 불편하다'고 답했다. 여성이 남성보다 외로움을 덜 타고, 더 독립적인 셈이다.

소득에 비해 씀씀이는 점점 커져가는 세태 속에서 한편으론 연애, 결혼, 출산을 포기하는 이른바 '3포세대'가 거론되는 팍팍한 현실을 생각하자면 외로워할 틈조차도 없을 것 같다. 여하튼 이 외적 요인의 문제는 차치하고 순수하게 미혼 남녀가 혼자 있을 때의 심리를 들여다보면 남녀 간 차이가 꽤 큼을 알 수 있다.

언뜻 생각하기에 남자가 여자보다 더 독립적일 것 같고 외로움을 덜

탈 것 같은데 실상 그 반대인 이유는 무엇일까? 이는 외로움을 대처하는 정도의 차이가 있기 때문이다.

남성의 경우, 동성 간에 할 수 있는 것은 극히 제한적이다. 대개 술을 마시거나 밥을 먹는 정도다. 차를 마시는 자리는 친구와 사적 얘기를 나누는 자리가 아닌, 업무를 논하는 비즈니스 자리일 경우가 많다. 반면, 여성은 동성끼리 얼마든지 영화 보고 차 마시며 밥을 먹는다. 팔짱을 낀 채 쇼핑도 같이하고 여행도 함께 간다. 함께하는 상대가 이성이 아닐 뿐 활동 양상은 크게 변함이 없다.

사실 남성의 경우, 이성의 빈자리를 동성이 대체하지 못한다. 그러나 여성의 경우, 동성이 그 자리를 얼마든지 대체할 수 있다. 이성적 사랑의 감정을 동성이 대체한다는 의미는 아니다. 남성은 자신의 옆자리가 비었다고 동성에게 그 자리를 내주지 않지만, 여성은 옆자리가 비었을 때 동성에게 잠시 자리를 내준다.

그런데 시대가 바뀌면서 남성들도 점차 변하고 있다. 싱글 남성도 여성들처럼 외롭지 않을 방법을 터득하고 있는 것이다. 다른 점이 있다면 여성들은 동성끼리도 잘 어울리는 반면 남성은 예전에 혼자서 못했던 것들을 혼자서도 잘한다는 것이다. 혼자 영화 보고 밥 먹고 산책하면서……. 이성 친구가 있을 때는 그녀와 함께 시간을 보내기 위해 영화관을 찾았다면, 이제는 순전히 영화가 좋아서, 혼자 즐기기 위해서 영화관을 찾는다.

혼자이면 어때서?

사막에서 그는
너무도 외로워
때로는 뒷걸음질로 걸었다
자기 앞에 찍힌 발자국을 보려고

위 시는 오스탕스 블루의 '사막'이라는 작품이다. 망망대해처럼 끝없이 펼쳐진 사막에서 얼마나 외로웠으면 자신의 발자국을 보며 위안을 삼았을까?

'혼자'라는 관념의 부정적 이미지가 확실히 긍정적으로 돌아서긴 했다. 국민앱 카카오톡에 '나와의 채팅' 기능까지 나오고 있으니 말이다.

다음 메일이나 네이버 메일에는 '내게 쓰기'가 있다. 나 역시 즐겨 쓰는 기능인데, 필요한 기사나 정보 그리고 중요한 일 스케줄 메모 등을 저장할 때 유용하게 사용하고 있다. 요즘은 다른 사람에게 메일을 보내는 것보다 내게 메일을 보내는 경우가 훨씬 더 많은 것 같다.

'혼자'라는 단어는 대체로 부정적인 문장과 잘 쓰인다. 혼자만의 사랑, 혼자는 외로워, 혼자 밥 먹지 마라, 혼자서 결정하지 마라 등등……. 물론 긍정적으로 쓰인 '혼자'도 있다. 혼자서도 잘해요, 혼자 힘으로 해결했다…….

우리는 모두 관계 중심적인 세상을 산다. 그러다 보니 무언가를 혼자 한다고 하면 '우리'와는 동떨어져 관계를 잘 맺지 못하는 사람으로 치부하는 경향이 있다. '우리'는 강자라면 '혼자'는 약자이고, '우리'가 정상이라면 '혼자'는 비정상인 것이다. 사실, 진짜 강자는 혼자 있어도 외로움을 느끼지 않고 언제나 자신감이 넘친다.

인간은 본능적으로 자신에게 이익이 없으면 상대와 관계를 지속하지 않는다. 오로지 가족만이 이익과 무관하게 관계를 맺고 있다.

한번 생각해보라. 나와 무수히 많은 사람을 연결시켜주는 핵심적인 매개체가 무엇인가? 어떤 조직에서 퇴사했을 때 그 후로도 전 동료들과 변함없이 지속적으로 관계를 맺고 있는가? 잘나갔던 과거에 비해 정체되어 있는 지금, 도움을 요청할 때 흔쾌히 내 손을 잡아줄 사람이 얼마나 되는가? 휴대전화에 저장되어 있는 그 많은 사람 중 최근 한 달 동안 연락을 안 하고 지내는 사람은 몇인가? 그들과 지속적인 관계를 맺고 있지 않는 이유는 무엇인가? 이리저리 따져보면 결국 나의 말이라면 무조건 믿어주고 나의 단점마저도 아낌없이 사랑해주는 가족과 몇몇 특별한 인연으로 얽힌 지인 등 극히 소수의 사람만 남을 것이다.

관계에 집착할수록 관계라는 촘촘한 그물망이 허물어졌을 때는 더한 외로움이 찾아든다. 거미는 아무리 촘촘하고 탄탄하게 집을 만들었을지라도 수시로 자기가 어렵게 만들어놓은 집을 다시 거둬들이며 재건축을 한다. 그렇지 않으면 헐거워지고 점착성이 떨어져서 거미줄 본연의 기능을 할 수 없기 때문이다.

사람이 관계를 유지하는 것도 이와 같다. 꾸준히 관심을 가지고 지속적으로 소통하지 않으면 관계는 오래가지 못한다. 즉, 관계는 상당한 에너지를 필요로 한다. 명함 앨범에 가지런히 꽂힌 수천 장의 명함보다 단 한 장의 낡고 닳은 명함이 삶을 더 윤택하게 한다.

사회적 관계를 잘 맺는 것은 중요하다. 하지만 그렇다고 혼자인 삶을 안 좋게 폄훼할 필요는 없다. 혼자라고 해서 길을 잃은 양이나 불완전한 인격체로 볼 이유는 없다. 혼자를 인정하지 않으면 언젠가 혼자 남겨졌을 때 흔들리는 삶을 살 수밖에 없다.

혼자가 어때서? 혼자는 '틀림'이 아니라 '다름'이다. 다름이 인정되지 않는 사회는 창의성이라는 맑은 샘물이 솟아나지 않는 메마른 사막과 같다. 혼자에 대한 기존의 부정적인 고정관념을 벗을 때 비로소 혼자라는 진가는 빛을 발할 수 있다.

• The reason why I'm happy for being alone •

남이 내 밥을 대신 먹어주진 않는다

•
•

"공부해서 남 주냐?"

학창 시절에 선생님, 부모님으로부터 무던히 들었던 말이다. 그런데 그때 이 말의 진짜 의미를 제대로 안 학생들은 과연 얼마나 될까?

이 말의 진짜 의미는 다 자기 자신을 위하는 것이니 자신의 미래를 생각한다면 잠시도 한눈팔지 말고 공부하라는 의미이다. 그 나이 때는 직장생활은커녕 세상 돌아가는 물정을 잘 모르기 때문에 왜 공부하는지 그 이유를 잘 모를 때다. 왜 공부를 해야 하는지는 기성세대가 되어서야 뒤늦게 통감한다. 결국 장성하여 사회인이 되어서야 어른들이 왜 그토록 공부 타령을 했는지 실감하는 것이다.

물론 예전에 비해 공부를 잘하지 않아도 얼마든지 성공할 수 있는 오늘날이다. 그러나 여전히 이 사회를 주도하는 사람들은 대개 공부깨나 했던 인사들이다. 학창 시절에 공부를 열심히 했든 게을리했든 간에 막상 커서 부모가 되자면 변함없이 자식들에게 바라는 점은 공부를 잘했으면 하는 것이다.

인간적으로, 한참 뛰어놀 성장기 나이에 가만히 책상 앞에 앉아 공부하기란 참 어렵다. 부모도 그 마음을 모르는 바는 아니다. 하지만 공부도 다 때가 있다는 걸 깨달은 부모는 놀기만 좋아하는 자녀를 보고 있자면 속이 터진다. 사실, 학교에서 배우는 것만 가지고는 인생의 길잡이 역할을 기대할 수 없다. 인생을 두루 아우르기에는 부족할 뿐더러 단지 요즘 공부는 신분 상승의 수단으로 전락해버렸기 때문이다.

사실, 진짜 공부는 직접 부딪히면서 평생 하는 것이다. 학생 때 배우는 공부가 전부는 아니다. 그럼에도 학생 때 공부를 강조하는 것은 이 사회가 여전히 성적순으로 인생을 가르는 경향이 있기 때문이다. 사람이 세상을 바꾼다기보다 지위가 세상을 바꾼다고 믿기 때문이다. 그래서 그 지위를 손안에 넣기 위해 그토록 처절히 공부에 매달리는 것이다.

그렇다면 이왕 하는 공부, 어떻게 해야 제대로 할 수 있을까?

공부는 한마디로 먹는 것이라고 할 수 있다. 예컨대 한식 요리를 공부하는 두 학생이 있다고 가정해보자. 한 학생은 인터넷을 통해 요리

하는 것을 눈으로 공부했고, 다른 학생은 학원에 가서 직접 실습도 하고 자신이 만든 음식을 맛도 봤다. 이 경우 당연히 후자가 진짜 공부를 했다고 할 수 있다.

노량진에 아주 유명한 학원이 있다. 족집게 인기 강사가 하는 강의는 일찍 마감되는 탓에 수강 신청 경쟁이 아주 치열하다. A는 다행히 이 수업을 등록했고, B는 등록을 못해서 혼자 책과 씨름하며 공부해야 했다. A는 핵심을 찌르는 강의 덕분에 학습 내용이 머리에 쏙쏙 들어오는 것 같았고 그래서 진도도 척척 나갔다. 반면, B는 혼자서 공부하는 탓에 진도는 더디기만 했다. 정말로 궁금한 점은 친구나 선생님에게 물어가며 공부를 했다. 가끔 인터넷 강의 또한 들었는데, 이해 안되는 부분은 중간에 쉬면서 어떡하든 이해하려고 노력했다. 그래서 30분짜리 강의는 곱절인 60분이 걸렸다.

우리가 흔히 저지르는 착각이 있다. A처럼 유명한 강의를 들으면 마치 그 강의 내용이 자기 것이 된 양 강사와 내가 동등한 수준이 되었다고 생각한다. 그런데 여기서 희비가 엇갈린다. A는 소위 명강의를 수없이 찾아다녔지만, 정작 자신의 머릿속에 남는 게 없다. 단지 기억나는 것은 즐거웠던 수업 시간이라는 사실뿐이다. 반면, B는 굳은살처럼 자습한 것들이 머리에 확실히 박혔다.

왜 이런 차이가 발생한 걸까? A는 남이 먹는 떡을 보고 자신이 직접 먹어보지 않았지만, B는 남이 먹는 떡을 보고 직접 자기도 먹어보며 소화를 시켰다는 점이 차이다. 즉, B는 남의 것을 자기 것으로 만드는 과정을 겪은 것이다.

A와 B의 학습 과정에서 가장 근본적인 차이점은 바로 이것이다. A는 강사가 한두 시간 동안 빼곡하게 준비한 강의를 편히 앉아서 들을 뿐이다. 무엇이 어떻게 왜 그런지를 알아서 설명해주니까 스스로 질문할 필요가 없다. 반면, B는 무엇이 어떻게 왜에 대한 질문을 스스로 만들어내며 생각하는 시간을 갖는다. A는 질문할 필요를 못 느끼지만, B는 스스로 질문을 만들어낸다. A는 완벽한 강의를 들었다 할지라도 필요성을 모른 채 참여하는 반면에, B는 필요성을 스스로 만들며 학습한다. 결국 시간이 지난 뒤 남는 것은 필요성을 가지고 시간을 투자했을 때이다. A는 명강사의 강의에 만족한 채(자기 것이 되었다고 착각한 채) 더 이상 자기 것으로 만들기 위한 노력을 하지 않았지만 B는 열악한 조건 속에서도 자기 것으로 만들기 위해 노력했다.

미국 컬럼비아대학교의 사무엘 김 박사는 지난 20년간 미국 동부의 하버드대학교를 포함한 8개 명문 사립 대학교에 입학한 한인 학생 1,400명을 무작위로 뽑아 조사했는데 졸업을 하지 못한 학생들이 44%나 되었다. 중국계와 인도계 학생들보다 2배 가까운 비율이다. 여러 원인이 있겠지만, 우리의 교육 방식에 문제가 있지 않을까 싶다. 공부는 듣고 말하며 읽고 쓰는 게 고루 이뤄져야 한다. 이 중 말하며 읽고 쓰는 것은 남이 대신해줄 수 없는 자신만의 고유 영역이다.

하지만 현실은 선생님이 대신 읽어주고, 학생들은 듣는 형태가 주를 이룬다. 대신 말해주기도 한다. 학교에서 돌아온 학생들은 잠시도 쉴 틈 없이 학원에서 또 열심히 듣기를 한다. 나 혼자 고민하고 생각하며 스스로 혼자 학습할 시간은 주어지지 않는다.

지금까지 주로 듣고 정확한 한 가지 답을 빨리 찾는 것에 익숙해져 왔다면 이젠 다양한 답을 시간을 두고 찾는 노력이 필요하다. 질문이 주어지기도 전에 답부터 찾는 것은 음식을 소화하지 않고 영양제만으로 살겠다는 것과 같다.

공부는 혼자서 생각하고 질문하며 답을 찾는 과정을 거치지 않고서는 결코 완전한 자기 것이 될 수 없다. 강사는 밥을 짓는 법을 가르쳐주는 사람이지, 나의 밥을 대신 먹어주는 사람이 아니다. 내 밥은 내가 먹어야 한다.

• The reason why I'm happy for being alone •

처녀생식

보통 암컷과 수컷의 교배가 있어야만 새로운 생명이 탄생할 수 있다. 하지만 예외가 있으니, 일부 식물과 동물은 스스로 혼자 생식하여 번식한다. 일례로 여왕개미는 유성생식과 처녀생식 모두 가능하다. 수개미와 교배를 한 여왕개미는 몸속의 저정낭이라고 하는 주머니에 정자를 보관하는데, 자신의 난자와 수정을 시켜 장차 일개미가 될 알을 낳는다. 반대로 수개미의 정자 없이도 생식을 할 수 있는데, 이때는 수개미가 될 알을 낳는다. 이처럼 양쪽을 번갈아 가며 생식을 하는 동물에는 진딧물, 물벼룩, 성게, 미꾸라지 등이 있다.

동물의 세계에서는 수컷이 암컷과 짝짓기에 성공하는 비율이 채

10%도 안 된다고 한다. 90%의 수컷은 자신의 유전자를 후세에 전하지 못한 채 생을 마감하는 것이다. 북방코끼리바다표범은 3~4미터의 키에 무게는 3톤에 달하는데, 수컷끼리의 암컷 쟁탈전은 거의 생명을 건 혈투와 가깝다. 더 강한 유전자를 가진 수컷이 자신의 자손을 번식시킬 기회를 쟁취하는 것이다.

그런데 여기서 의문이 생긴다. 식물이든 동물이든 본능적으로 모두 자신의 유전자를 번식시키려는 게 당연할 텐데, 동물의 경우 암컷의 간택을 받는 것은 열에 하나밖에 안 된다면 종의 다양성이 저하되어 진화에 걸림돌이 되지 않겠냐는 것이다. 이 문제를 동물들은 수로써 해결하는 것 같다. 즉, 적게는 수백 많게는 수천수만 개의 알을 낳아서 자신의 유전자가 번식에 성공할 확률을 높이는 것이다.

번식에 관한 흥미로운 사건이 하나 있다. 톱상어는 사람들에 의해 남획되어 개체 수가 원래 숫자의 5%까지 줄어 심각한 멸종 위기에 처해 있었다. 놀라운 건 뉴욕주립대학교 스토니브룩캠퍼스 연구자들이 미국 플로리다주의 어느 강에 사는 톱상어의 3% 정도가 처녀생식을 통해 태어났다는 사실을 발견했다는 점이다. 더 놀라운 것은 이 톱상어들이 기존의 번식 방법으로 태어난 보통의 상어들과 함께 생활하는 데 별 무리가 없고, 유전적 장애도 아직 발견된 바가 없다는 점이다.

고등동물에게서는 아주 드문, 처녀생식을 하는 톱상어가 보여주는 시사점은 무엇일까? 어쩌면 생명체에게 위기가 생길 때를 대비해서

신이 부여해준 능력은 아닐까? 처녀생식은 종족의 멸종 위기를 감지한 톱상어의 생존을 위한 필연적 선택이었을까? 여기서 두 가지 질문이 생긴다.

첫째, 톱상어는 어떻게 처녀생식 능력을 보유하게 되었을까?

둘째, 어쩌면 톱상어는 원래부터 처녀생식 능력이 있었지만, 종의 발전적 진화를 위해 암컷과 수컷의 일반적인 교배방식을 택해왔을지도 모른다. 그런데 급격히 개체 수가 줄어들자 히든카드인 처녀생식을 택한 것은 아닐까?

흥미로운 것은 처녀생식은 있어도 '총각생식'은 없다는 점이다. 즉, 스스로 종족을 번식시킬 수 있는 능력은 오로지 암컷에게만 있다는 사실이다. 아니 어쩌면 '총각생식'도 가능한데 우리가 방법을 모르고 있을 가능성도 있다. 하지만 지금까지 밝혀진 바로는 처녀생식만 가능하며, 인간을 대상으로 처녀생식을 연구하고 있는 나라도 있다.

그런데 바로 얼마 전 또 한 가지 정말 흥미로운 사건이 벌어졌다. 총각이 처녀로 성전환을 하는 나무가 발견된 것이다.

스코틀랜드의 포팅겔에 있는 '포팅겔 주목나무'는 무려 약 5천 년 된 고목(古木)인데 지금까지 수나무로 알려져 있었다. 수나무가 꽃가루를 바람에 날리면 암나무는 빨간 색깔의 암꽃으로 수나무의 꽃가루를 받아 열매를 맺는다. 그런데 최근 수나무에 암나무에서나 볼 수 있는 붉은 열매가 발견되었다.

수나무처럼 암수가 따로 있는 대표적인 나무가 은행나무다. 서울에는 약 30만 그루의 은행나무 중에서 암나무가 3만 그루 정도 되는데 해마다 은행잎이 노랗게 물드는 가을이 되면 길바닥에 암나무에서 떨어진 작은 열매들로 냄새가 진동한다. 열매를 맺는 암나무가 수적으로 열세인 서울의 수나무는 어쩌면 종의 번식을 위해 포팅겔 주목나무처럼 열매를 맺는 일이 벌어질지도 모른다. 처녀생식을 하고, '총각생식'은 할 수 없으니 총각이 처녀로 성전환을 하여 번식을 하는 자연의 생존력은 참 놀랍기만 하다.

• The reason why I'm happy for being alone •

아픔 뒤에 오는 혼자만의 시간

•
•

 사랑에 완성이 있을까? 사랑은 비와 같다. 마른 땅이 축축이 젖고 빗물이 차마 스며들지 못할 만큼 비가 한바탕 퍼붓는다 하여도 비는 언젠가는 그치게 마련이다. 비가 지나간 자리엔 태양이 비추고, 시간이 지나면 다시 비가 그리워진다. 너무 오랫동안 비가 내리지 않으면 생명체는 자칫 생명을 잃을 수도 있다.

 젊은 시절의 사랑은 비가 와도 좀처럼 꺼지지 않는 신비한 불과 같다. 영원히 함께할 것 같은 사랑도 이별의 순간이 온다. 원래 혼자였던 내가 다시 혼자가 된다. 이별의 아픔을 받아들이고 진정을 되찾기까지는 가슴이 무너질 것 같은 통증이 찾아온다. 외면할 수 없는 현실이고 거쳐야 할 과정이다.

다정했던 행복한 순간들이 떠오른다. 함께 즐거웠고 함께 나누었던 시간들은 이제 고스란히 혼자서 보내야 한다. 혼자서 길을 걷고, 혼자서 밥을 먹으며, 혼자서 음악을 듣는다. 거울 속에 비친 나는 더 이상 예전처럼 연인을 만나러 가기 전 부푼 가슴으로 웃음을 띤 즐거운 표정의 내가 아니다.

사람은 이별 뒤에 보내는 혼자만의 시간을 가지면서 원숙해진다. 상대를 원망하면서 분노하기도 한다. 하지만 아무리 그런들 돌아오는 것은 공허한 메아리뿐이다. 그러면서 차츰 상대의 처지를 생각하게 되고, 나아가 이전에는 관심 갖지 않았던 '나'에 대해 생각한다. 그렇게 나와 가장 가까워지는 시간을 갖는다. 스스로 어떻게 이 아픔을 견딜 수 있을까 자신 없어 했지만, 시간이라는 신비스러운 약은 그 상처를 아물게 해준다. 마치 앓았던 몸살이 푹 자고 나면 한층 컨디션이 나아지는 것처럼…….

사람은 누구나 상처를 스스로 치유할 복원력을 가지고 있다. 우리 몸의 세포는 비상사태가 발생하면 알아서 정상 상태로 회복하려는 성질이 있다. 그게 바로 면역력이다. 외부에서 불순의 세균이 침입하면 백혈구가 즉시 나서서 잡아먹는 것처럼, 우울한 심리 상태가 되면 뇌의 기억 회로는 다시 평상시로 돌아가기 위한 준비를 한다.

그 첫 단계로 우리 몸은 식욕과 의욕을 감퇴시킨다. 그렇게 몸과 마음은 삶의 무거웠던 짐들을 바닥에 내려놓고 점점 비워진다. 그러다

배 속과 머릿속에서 신호를 보내기 시작한다. 이제 채워야 할 시간이라고……. 굶주렸던 배는 영양가 있고 맛있는 음식을, 텅 빈 가슴은 따스한 온기가 들어오길 기다린다. 추운 겨울이 가고 따뜻한 햇살이 쏟아지는 봄이 오면 동토 속에 숨죽였던 새싹들이 파릇하게 고개 내밀듯, 사랑의 아픔이 지나간 자리에는 이제 새로운 사랑이 싹틀 수 있도록 반짝이는 햇살과 보드라운 빗물이 쏟아질 것이다. 그렇게 사랑의 아픔을 철저히 홀로 치유하면서 더 원숙하게 성장한다.

혼자서도 잘 지낼 수 있어야 누군가를 만나서도 행복해질 수 있다. 혼자만의 시간을 충실히 보낸 사람은 상대에게도 자신처럼 혼자 있는 시간의 여지를 남겨둔다. 그 때문에 너무 기대하거나 의지함으로써 자신의 기대에 미치지 못하는 상대적 실망감을 갖지 않는다.

• The reason why I'm happy for being alone •

기러기 떼의 아름다운 비행

∙
∙

기러기는 먹이를 찾아 이동하는 철새다. 놀라운 건 비행 이동 거리가 자그마치 지구 한 바퀴에 맞먹는 4만 킬로미터라는 사실이다. 이 먼 거리를 이동하려면 에너지가 상당히 소비될 텐데 어떻게 이런 불가사의한 비행이 가능한 것일까?

그 비결은 기러기 떼의 비행 대형에 숨어 있다. 유선형의 V 자 모양은 바람의 저항을 줄여준다. 기러기 떼는 이 형태로 비행하는데, 이 대형의 맨 앞 리더 기러기는 에너지 소비가 상대적으로 크다. 그러나 대신 뒤쪽의 기러기들에게 상승 기류를 만들어주어 약 70%의 에너지 소비를 절감시켜준다. 원래 힘의 30%만으로도 비행이 가능한 것이다.

그런데 더 놀라운 사실은 맨 앞 선두 자리는 특정 한 마리의 리더만이 계속 유지하는 게 아니라는 점이다. 한 마리가 맨 앞자리에서 리드하다 힘이 빠지면 다른 한 마리가 선두로 나와 리더 역할을 대신해준다. 게다가 힘이 들 땐 저마다 소리를 내어 서로를 격려한다.

에베레스트산(8,848m)과 해발 8천 미터가 넘는 14개의 산봉우리들을 거느린 히말라야! 하지만 인도기러기에게는 제아무리 높은 세계 최고의 이 히말라야산맥일지라도 장애가 되지 않는다.

최고 고도 6,400미터, 이동 시간 2개월, 이동 거리 8천 킬로미터!

인도기러기가 히말라야산맥을 넘을 때 남기는 기록들이다. 기러기 떼가 유유히 비행하는 모습은 그 자체만으로도 아름답지만, 저마다 리더 역할을 번갈아 하는 협력으로 목적지까지 날아가는 이들의 모습은 가슴 뭉클한 감동마저 불러온다.

기러기 떼의 아름다운 비행에는 사실 그보다 더 원초적인 비결이 있다. 리더가 되어 집단을 이끌고 다시 팀원이 되어 동행하며 목표를 이루어내는 데에는 기러기 떼 각자가 홀로서기를 할 수 있었기 때문이다. 혼자 날 수조차 없는 기러기에게는 먼 여행길을 함께할 기회는 오지 않는다. 마치 육상경기 대회에서 먼저 혼자 힘으로 뛸 수 있는 자격을 얻지 못한 선수에게 단체전 참가 기회가 주어지지 않는 것처럼…….

야생 동물의 세계에서는 이 원리가 더 냉혹하게 적용된다. 어미 사자는 사냥을 하다가 상처를 입어 제대로 걷지도 못하게 된 새끼 사자를 애써 외면하며 마냥 보호해주지 않는다. 혼자 설 수 없는 어린 사자는 사자 무리에 낄 수조차 없는 것이다.

기러기는 혼자 날 준비가 되었을 때 비로소 같은 무리의 머나먼 여정을 동행할 수 있다.

나 혼자 스포트라이트와 마주할 때

영화 〈마션〉에서 주인공 마크 와트니는 화성 탐사 도중 갑작스런 기상 악화로 인해 혼자 고립된다. 폭풍우에 휩쓸린 탓에 연락이 두절되고, 더는 지체할 수 없었던 탐사 대원들은 그를 포기한 채 지구 귀환을 감행한다. 얼마의 시간이 흘렀을까. 적토를 뒤집어쓴 채 정신을 잃었던 마크가 눈을 뜬다. 그는 이내 자신만 혼자 남겨졌다는 사실에 절망한다. 하지만 그것도 잠시, 생존 본능이 그를 움직인다. 그는 어떻게 생존할 것인지를 궁리하기 시작한다.

화성은 지구에서 가장 가까워질 때의 거리가 약 5,500만 킬로미터이다. 시속 2천 킬로미터로 날아간다고 했을 때 대략 3년의 시간이 걸린다. 운 좋게 지구와 연락이 닿아서 구조선이 돌아올 수 있다고 해도 그때까지 가장 큰 문제는 부족한 식량이다. 마크는 혼자 남겨진 화성에서 이미 떠난 대원들을 그리워하며 자신에게 남아 있지 않은 것을 생각하기보다는 자신이 가지고 있는 것이 무엇인지 생각한다. 그때 새삼 깨달은 건 자신이 식물학자라는 사실! 그는 자신의 지식을 총동원하여 물 한 방울 나지 않는 화성에서 시행착오 끝에 감자를 재배하는 데 성공한다.

헤밍웨이의 소설 《노인과 바다》에 등장하는 주인공 산티아고는 망망한 바다 한가운데에서 덩치 큰 상어와 생명을 건 싸움을 벌인다. 그는 그 와중에 무뎌진 칼날을 갈 숫돌을 가져오지 않은 것을 후회한다. 그는 곧 정신을 가다듬고 이렇게 혼잣말을 한다.

"지금 가지고 있지 않은 걸 아쉬워할 때가 아니다. 있는 걸 가지고 할 수 있는 일을 생각하자."

혼자 남겨졌다는 생각이 들 때 떠올려야 할 것은 내게 남아 있지 않은 그 무엇이 아니다. 내가 이미 가지고 있는 그 무엇이다.

연극 무대에서 조연들은 무대 뒤로 사라지고 주인공 혼자만 남으면 분산됐던 조명이 단 한 사람에게로 모인다. 스포트라이트와 마주하는 것이다. 우리 역시 언젠가 무대 위에 홀로 설 때가 온다. 그때 독백할 준비가 되어 있어야 한다. 혼자 받는 스포트라이트는 분명 여럿이 받을 때보다 더 눈이 부실 것이다. 하지만 그렇다고 너무 당황할 필요는 없다. 그저 그 스포트라이트 앞에서 내가 가진 것, 내가 준비해놓은 것을 꺼내어 보이면 된다. 나에게 없는 것부터 찾으며 아쉬워하지 말자. 지금 나에게 있는 것에 눈을 뜨자.

• The reason why I'm happy for being alone •

The reason why I'm happy for being alone

Chapter 3

혼자와 군집

나는 달보다 별을 좋아했어요. 하나뿐인 달은 외로워 보이지만

셀 수 없이 총총한 별들은 보는 것만으로도 외롭지 않으니까요

수신되지 않은 편지

나는 달보다 별을 좋아했어요
하나뿐인 달은 외로워 보이지만
셀 수 없이 총총한 별들은
보는 것만으로도 외롭지 않으니까요

나는 사람들이 모이는 곳이라면
열 일을 제치고 뛰어갔어요
줄을 서고 내 순서가 올 때까지 기다렸어요
막상 뚜껑이 열렸을 땐 별거 없었지만
남들도 다 하는 걸 놓치지 않아서 마음은 편했어요

그러던 어느 날 꿈속에서
나는 별처럼 많은 사람에게 둘러싸여 있었어요
그들은 이구동성으로 나에게 말했어요
"우편을 보냈는데, 왜 아직 답장이 없어요?"
거기엔 아내도 있었고 딸도 있었어요
너무 놀란 나는 그곳을 빠져나와 도망갔어요
지친 나머지 잠시 길가의 벤치에 앉아 쉬고 있는데
아까 그 사람들이 어느새 다시 몰려들더니
똑같은 말을 반복했어요

나는 집에서 꼭 확인해보겠다며 그들을 안심시키고는
땀을 뻘뻘 흘리며 집으로 왔어요.
하지만 편지는 단 한 통도 보이지 않았어요

하도 이상해서 다시 길을 나섰어요
그런데 길가에는 많은 사람이 편지를 여러 통씩 들고 있었어요
하도 궁금해서 다가가보니까 웬걸요 제 이름이 적혀 있었어요
내 편지라고 뺏으려 했지만 그들은 완강히 저항했어요
그때 마침 우체부 아저씨가 다가오기에 물었어요
"우체부 아저씨, 왜 이 사람들이 제 편지를 가지고 있나요?"
그러자 우체부 아저씨가 말했어요
"당신을 찾으려 애썼지만, 찾을 수가 없었지요. 대신 이들이 저마다 당신 이름을
대면서 편지를 달라고 해서 주었답니다."

꿈에서 깨어난 나는 한동안 깊이 생각에 빠졌어요
나에게 우편물이 오지 않았던 그 편지들은
나의 내면에게 보내는 편지였어요
나의 외면의 실체는 있었지만
그동안 다른 사람의 얼굴로 살아왔던 나에게
내면의 나의 모습은 없었던 거였어요

늑대와 개 그리고 길들여짐

•

•

　개는 원래 야생의 들개였다. 이것들을 인간이 가축화하면서 품종을 다양하게 교배시켰는데, 현재 개의 80퍼센트는 130년 전에는 존재하지 않았던 품종이다. 개는 늑대와 같은 조상이다 보니 외견상 서로 비슷하다. 그러나 속성은 많이 다르다.

　개는 인간을 잘 따르는 반면, 독립적인 늑대는 인간에게 길들여지지 않는다. 개는 스스로 문제를 해결하지 못할 경우 인간에게 도움을 요청하는 반면, 늑대는 끝까지 인간의 손길을 거부한다. 개는 인간의 영역으로 들어오면서부터 사냥할 필요성이 없어졌기에 온순해졌고, 혼자 집을 지키면서 주인에게 충성을 다한다. 반면, 늑대는 무리 지어 사냥을 하며 집단생활을 한다. 개는 시력이 매우 나쁘지만 늑대는 멀리 있는 먹이를 알아볼 정도로 시력이 좋다. 개는 사랑스러운 눈동자를 가진 반면, 늑대는 성질 고약하고 사나워 보이는 눈동자를 가졌다. 늑대는 게다가 울부짖는 울음소리가 처량하다 못해 섬뜩하기까지 하다.

그런데 개는 한 해에 대략 5만 마리가 버려진다. 인간과 함께 사는데 길들여진 개들은 본래 자신들의 고향인 야생으로 돌아가지 못하고 인간의 영역에서 맴돈다. 인간의 필요에 의해 애완견으로 길들여진 개만 불쌍할 뿐이다. 인간의 손을 타지 않는다면 개들 또한 본래의 야생성을 되찾아 늑대보다 더 탄탄한 네 다리와 날카로운 발톱으로 사냥하게 될지도 모른다.

홀로 서는 것보다 누군가를 의존하는 것이 몸도 마음도 편할지 모른다. 하지만 영원할 것만 같은 그 의존 상대가 사라지는 순간 더 큰 어려움에 직면한다.

개는 인간의 관심과 보호 속에서 스스로 먹이를 구할 필요 없이 인간이 주는 밥을 먹으며 편히 살면 되지만, 늑대는 치열하게 사냥을 하며 스스로 생존을 모색해야 한다. 하지만 개는 인간의 손길이 끊기면 두려움 속에서 인간의 주위를 하릴없이 배회해야 한다. 반면, 인간에게 길들여지지 않은 야생의 늑대는 원래부터 혼자였기 때문에 세상에 두려울 게 없다.

• The reason why I'm happy for being alone •

편함은 익숙함에서 온다. 그 익숙함까지는 반복된 만남과 오랜 시간이 필요하다. 길들여진다는 것은 어느 한 삶에 적응하면서 익숙함으로부터 얻는 편안함을 동반한다. 한 번 익숙해지면 다른 한편의 삶은 눈에 잘 들어오지 않는다. 길들여진다는 것은 섬세했던 감각이 무디어지는 것이다.

어느 날, 나는 자동차 뒷바퀴의 브레이크 패드를 갈 때가 되어 정비소를 찾았다. 패드를 디스크와 닿게 해서 제동을 걸어주는 캘리퍼라는 장치가 고장 나 함께 교체를 해야 했다. 원래 캘리퍼는 스프링처럼 유동성이 있어야 하는데, 고착되어 디스크를 물고 있었던 것이다. 당연히 연비가 떨어지고 제동할 때 부드럽게 서지 않았다. 결국 나는 디스크까지 교체해야 했다. 이후 브레이크 페달을 밟으니, 한결 부드러워졌고 이전보다 더 깊숙이 들어갔다. 그제야 처음 차를 샀을 때의 상태가 떠올랐다. 그동안 익숙함에 길들여진 나는 브레이크 시스템이 비정상적으로 바뀐 환경을 모른 채 무감각해져 있던 것이었다.

길들어 익숙해진 것과 결별해야 할 시간이 오면 그동안 외면하고 관심을 두지 않았던 낯선 것들이 보이기 시작한다. 혼자 남겨지는 순간부터는 나를 길들였던 것들로부터 독립해야 한다. 그동안 기대고 의지했던 것들에게서 떠나야 한다. 그렇게 하지 못한다면 미지의 세상에서 만날 새로운 기회란 있을 수 없다.

홀로 서며 더 가치 있는 삶을 살고자 하는가? 그렇다면 그동안 의지했던 간판, 길들어 익숙해진 관습과 묵은 관념들을 과감하게 버려보자.

호랑이와 사자

개와 늑대만큼이나 호랑이와 사자 또한 흥미로운 동물들이다.

'호랑이와 사자가 싸우면 어느 쪽이 이길까?'

누구나 한 번쯤 이런 호기심을 가져봤을 것이다. 실제로 지난날 호사가들에 의해 두 맹수의 싸움이 구경거리가 된 적도 있다. 물론 지금은 동물보호법 등이 존재하는 시대이기에 그러한 싸움판을 공개적으로 벌일 수는 없을 것이다.

호랑이와 사자의 대결에 앞서 먼저 두 맹수의 특징을 살펴보자.

우선 호랑이는 우리에게 너무도 친숙한 동물이다. 단군신화에서부터 전래동화에 이르기까지 폭넓게 등장하는 호랑이는 이미 선사 시대 때 바위에 그림으로 형상화되어 있었다. 예로부터 풍수 사상에서는 동쪽 우백호(右白虎)로서 액운을 막는 수호신이었다. 1988년 제24회 서울 올림픽 때는 호돌이라는 이름의 마스코트로 세계 속에 각인되었다.

덩치가 가장 큰 것은 우리나라 백두산 호랑이인데, 몸길이 4미터에 무게는 300~400킬로그램에 달한다. 일단 외견상으로는 사자보다 우세하다. 한편, 아프리카와 인도 서부 지역에 서식하는 사자의 몸길이는 2~3미터, 무게는 150~250킬로그램 내외다.

외모만큼이나 서식지와 사냥 방법도 그 차이점이 확연하다. 호랑이는 숲이 우거진 산속에 서식하는 반면, 사자는 시야가 탁 트인 대평원에 서식한다. 호랑이는 단독으로 사냥하는데, 먹잇감에 은밀히 접근하여 단번에 제압한다. 반면, 사자는 많게는 10~15마리가 떼로 몰려다니며 협력 사냥을 하는데, 시속 60킬로미터의 속도로 먹잇감을 추격해서 잡는다. 사자는 다른 맹수와 달리 특이하게도 암컷이 사냥을 한다. 수컷은 주로 영역을 수호한다.

그렇다면 과연 호랑이와 사자가 싸우면 누가 이길까? 결론적으로 지난날 호사가들이 붙인 싸움에서는 호랑이가 이겼다. 그럴 법도 하다. 하루에 먹이를 찾아 무려 80~100킬로미터를 부지런히 이동하는 호랑이의 탄탄한 근육의 힘을 하루 대부분을 잠을 자며 시간 보내는 사자가 당해낼 재간이 없다. 게다가 단독 사냥을 하는 호랑이에게 일대일 싸움은 익숙하지만, 무리를 지어 집단 사냥을 하는 사자에게 일대일 싸움은 낯설다.

희한한 것은 영역 다툼이나 암컷을 독차지하기 위해 벌이는 수컷들 간의 싸움에서 호랑이들은 죽도록 싸우지 않고 적당히 하다 결판을 내는 반면, 사자들은 죽도록 싸운다는 점이다. 사자는 한쪽이 완전이 KO될 때까지 집요하게 물고 늘어지는 성향이 있다. 그래서 사자 간의 싸움은 영역, 암컷을 차지하는 데 그치지 않고 나아가 상대를 망가뜨리는 파괴적인 결과를 낳는다.

그런 면에서 호랑이가 사자보다 지혜롭다고 본다. 호랑이는 초반전에 서로 겨뤄보고 나서 결과를 예측하며 무모한 싸움에 따르는 희생을 피하며 적당히 물러설 줄 아는 기지가 있다. 호랑이에겐 반드시 상대를 이겨야만 한다는 집착이 없다. 그렇기 때문에 여유가 있다. 어떻게 보면 비겁해 보일 수도 있지만, 굳이 끝장 날 때까지 온 힘을 쓰지 않음으로써 평화와 생존을 서로 보장해주는 것이다.

또 하나, 호랑이는 싸우다가 상대가 넘어지면 일어설 때까지 기다렸다가 다시 싸움을 시작하지만, 사자는 상대가 넘어질라치면 이종격투기 선수처럼 달라붙어 맹공을 퍼붓는다. 호랑이와 사자의 싸움에서, 호랑이는 싸우다 이 정도면 됐다 싶으면 싸움을 그만두고 상대에게 뒤를 보이며 유유히 걸어간다. 하지만 사자는 뒤를 보이며 약점을 노출한 호랑이를 그냥 보내지 않고 다시 공격한다.

호랑이와 사자의 성향을 우리 자신에게 투영해보자. 우리는 호랑이와 사자 중 어떤 성향, 어떤 삶의 모습에 더 가까울까? 아마도 집단에 구속되지 않은 채 당당하게 혼자 힘으로 살아가는 호랑이의 여유로운 삶을 꿈꾸지만, 실제로는 집단에 얽매인 채 혼자 힘으로는 살아갈 수 없는 삶, 불리할 때는 반칙을 해서라도 상대를 무너뜨리려 하는 사자와 같은 삶 아닐까?

우리는 나면서부터 집단생활을 해왔기 때문에 혼자가 된다는 것에 다짜고짜 두려움부터 느낀다. 하지만 원하든 원하지 않든 사람은 나이가 들어감에 따라 어쩔 수 없이 혼자 있는 시간이 많아지게 마련이다. 지금까지 사자의 삶을 살아왔다면, 이제 호랑이와 같은 삶을 살아보자. 혼자 결단하고 스스로 사냥을 할 수 있도록 연습을 해보자.

혼자 결단하는 것이 낯설지라도 자꾸 시도하다 보면 익숙해질 것이다. 자립심 없이 계속 집단에 의지하면 결코 균형 잡힌 삶을 살 수 없다. 물론 자립심이 있는 사람이 집단생활도 잘하는 법이다.

• The reason why I'm happy for being alone •

나와 우리

∙

∙

　우리나라 사람만큼 평소 '우리'라는 표현을 많이 쓰는 민족도 없다. '우리나라'가 아닌 '나의 나라'라고 하면 뭔가 어색하다. 맞고 틀리고의 문제가 아니라 그렇게 익숙해진 것이다. 늘 사용하는 언어는 사람의 생각과 행동에 영향을 미친다. 단어의 선택을 어떻게 하는지에 따라 그 사람의 사고방식과 가치관을 엿볼 수도 있다.

　'우리'라는 말은 나뿐만 아니라 나 외의 누군가를 지칭하는 의미다. 물론 '우리'를 '나'로 대체해도 의미가 통한다. 우리 집과 내 집, 우리 회사와 나의 회사, 나의 엄마와 우리 엄마, 나의 딸과 우리 딸…….

　반면, '우리'와 '나'가 대체 안 되는 경우도 있다. 나의 휴대전화라고 하지, 우리의 휴대전화라고는 하지 않는다. 나의 칫솔이라고 하지, 우

• The reason why I'm happy for being alone •

리의 칫솔이라고 하지 않는다. 나의 원피스이지 우리의 원피스는 아니다.

우리 것이 나의 것일 수는 있지만, 나의 것이 모두 우리 것이 되는 것은 아니다. 여기서 우리와 나의 분기점이 생긴다.

'우리'라는 말은 상황에 따라서 여러 의미를 지닌다.

"우리 이번 주말에 외식할까?"

"우리가 남이냐?"

첫 번째 말에서 '우리'는 너와 나는 함께하겠다는 친밀감이 느껴지지만, 두 번째 말의 '우리'는 상대방을 자신과 같은 무리로 억지로 엮으려는 의도가 담겼다. 그래서 완전한 의미의 '우리'는 아니다. 불완전한 '우리'인 것이다. 그런데 실제로 사람들은 이런 불완전한 의미의 '우리'를 매우 즐겨 사용한다.

'우리'는 단순히 문법적으로 너와 나를 지칭하는 것을 넘어서 함께 뜻을 같이한다는 동질의 의미인데, 그렇지 않은 상황에서도 '우리'라는 말을 너무나 쉽게 내뱉는다.

'우리'라는 달콤한 말에 속지 말아야 한다. 누군가 '우리'라는 말로 유혹을 해오면 그 '우리'가 공감할 수 있는 것인지 아니면 이면에 숨겨진 의도가 있는지 따져보아야 한다. 그 '우리'가 완전한 우리인지, 불완전한 우리인지 면밀히 들여다봐야 한다.

군집의 이면

사람은 본디 외로움을 싫어하는 존재다. 그래서 모임 갖기를 좋아한다. 한국 사회처럼 모임이 많은 나라도 드물다. 계모임, 동창회, 친목회, 산악회, 동호회 등등…… 아마 국민 1인당 평균 모임의 개수가 최소 다섯 개 정도는 되지 않을까 싶다. 우리는 집단생활에 익숙해져 있다. 여행은 주로 단체 패키지여행으로 가고, 무리 지어 공중목욕탕에서 때를 밀고, 다 같이 찜질방에서 땀을 빼고 휴식도 취한다.

그러다 보니 머릿수를 중시하는 경향이 있는 것 같다. 여기에 머릿수와 외로움을 반비례관계로 보려는 성향이 있음은 물론이다. 그러나 숫자가 적다고 외로운 것은 아니다. 여럿이 함께 모여 있어도 지독하게 외로울 수 있고, 혼자 있어도 너끈히 외롭지 않을 수 있다.

작고 힘이 약할수록 집단의 유혹을 피하기란 쉽지 않다. 바닷속 수천수만 마리의 물고기 떼는 무리 대열에서 이탈하지 않고 거대한 군집을 이루며 이동한다. 홀로 남겨지는 것에 대한 본능적 두려움 때문에 자기방어 차원에서 군집을 선택한다.

남들과 함께 지내고 행동하면 몸도 마음도 편해진다. 때로는 자신의 작은 몸집과는 비교할 수 없는 큰 몸집을 만들어 적에게 더 강한 척해 보일 수도 있다. 하지만 떼로 몰려다니는 무리는 강한 포식자의 눈에 더 잘 띄어 위험을 자초하기도 한다.

집단생활을 오래 하다 보면 은연중에 두려움이 생긴다. 행여 집단이라는 울타리와 보호막으로부터 떨어져 나가면 어쩌나 하는 불안감이 그것이다.

2012년, '매 맞는 텔레마케터'가 큰 화제가 된 적이 있다. 실적이 없다고 폭력을 휘두르고, 오리걸음을 시키며, 스스로 뺨을 때리게 했을 뿐더러 수천 만 원의 현금까지 갈취한 사건은 많은 이의 공분을 샀다. 이후 숨은 이면의 영상들이 차례로 공개되었고, 현재 재판이 진행 중이다. 영상을 본 시민들은 이해할 수 없는 상황에 큰 충격을 받았다.

나는 오래전에 텔레마케터와 한 시간 정도 동석 근무 체험을 한 적이 있었다. 고객센터로 걸려온 전화에 상담을 해주는 민원 응대였는데, 정말 쉴 새 없이 밀려드는 전화에 옴짝달싹못한 채 1분도 쉬지 못하고 앉은 자리에서 민원을 들어야 했다. 어쩌다 드센 고객의 클레임이라도 들어올라치면 그날의 스트레스는 하늘을 찌른다.

매 맞는 텔레마케터의 경우 민원 응대와는 또 다른 차원으로, 전화를 걸어 영업 실적을 올려야 하는 부담이 만만치 않은 업무였다. 영상 속에서는 엄연히 한 인격체로 존중받아야 할 다 큰 성인이 부당하게 육체적, 언어적 폭력을 받고 있었다. 더 놀라운 건 피해자가 아무런 대꾸도 아무런 저항도 하지 않은 채 묵묵히 견뎌내고 있었다는 점이다. 이들은 법적으로 근로자 지위가 인정되지 않는 개인 사업자 소속이었고, 팀장이라는 한 개인에 의해 밥줄이 좌지우지되는 보호받지 못하는 사각지대에 있었다.

매 맞는 텔레마케터들은 경제적 수단이 끊기는 것보다 굴욕을 참는 쪽을 택했지만, 멈추지 않는 폭력의 도가 지나치자 결국 경찰에 알린 것이다.

의문이 들었다. 왜 진작 이 사실을 알리지 않았을까? 왜 회사 내부에서는 이런 부당함을 해결하지 못했을까? 비단 이들뿐이겠는가? 매 맞는 텔레마케터는 우리 사회의 어두운 이면을 여실히 보여주는, 약자일 수밖에 없는 개인의 아픔을 대변하는 상징적인 사건이었다.

21세기의 민주주의 사회에서도 이처럼 상상을 초월하는 일들이 태연히 벌어진다. 어느 사회든 제도와 법규가 아무리 잘되어 있어도 틈새는 버젓이 존재하고 있고 사건이 벌어지고 나면 그제야 대책을 강구하니 사후 약방문일 수밖에 없다.

그릇된 행동을 하면 벌을 주지만 그런 행동을 하도록 명령을 내리는 개인의 머릿속까지 완전히 제어할 수는 없는 노릇이다. 결국 중요한 건 스스로 한계를 긋지 않고 스스로의 자존감을 지키는 일이다. 내 자존감을 남에게 송두리째 내맡기지 말아야 한다. 부당함을 참는 것이 아니라 부당하지 않은 일을 선택할 권리가 있음을 믿는 것이다.

우리는 집단의 힘에 너무 의존하는 경향이 있다. 집단에 전적으로 의존한 채 살아가면 정작 자기 자신을 돌볼 겨를이 없어진다. 무엇보다 심각한 것은 자의든 타의든 영원히 존재할 것 같았던 그 집단이 사라지면, 그 순간 어디에도 의지할 곳 없는 힘없고 초라한 자신만이 남게 된다는 점이다. 집단에 속해 있더라도 집단에 속해 있지 않을 때를 염두에 두어야 한다.

유일한 것은 희소성의 가치가 있다. 내가 머무는 곳이 온니원(Only one)은 아니다. 세상에서 유일한 온니원은 나 자신뿐이다.

• The reason why I'm happy for being alone •

집단 속의 또 다른 나

사람은 집단에 속할 때와 그렇지 않을 때의 생각과 행동이 다르다. 가령, 길을 가다가 떨어져 있는 휴지를 못 본 척 지나치는 경우가 많다. 휴지를 줍는 사람은 청소부뿐이다. 어차피 청소하는 사람이 주울 거라는 생각, 내가 아니어도 누군가 줍겠지 하는 생각, 내 일도 바쁜데 괜히 오지랖 넓힐 필요는 없다는 생각, 휴지를 줍는다고 내게 무슨 이득이 될까 하는 생각……. 이 모든 생각의 결론은 결국 하나다. 휴지를 줍지 않아도 된다!

이처럼 사람은 집단 속에서 자신에게 큰 이익이 되지 않는 것, 그 불편할 수 있는 행동을 다른 사람에게 막연히 기대하는 경향이 있다. 그것은 나의 본성이라기보다는 집단이 조성하는 분위기이다.

휴지가 떨어진 상황을 개인이 혼자 있는 집에 적용하면 양상은 달라진다. 나 외에는 아무도 휴지를 치울 사람이 없다는 것을 알기 때문에 스스로 휴지를 치운다. 같은 상황이지만 집단에 속해 있을 때와 혼자 있을 때의 행동은 확연히 다르다.

집단에 속하게 되면 유무형의 통제가 따른다. 규칙이 생기고 관리가 이루어진다. 그 대상은 개인이다. 집단은 마치 렌즈가 달린 많은 감시 카메라와 같다. 보는 눈들이 많으니 행동에 제약이 따른다. 집단 속에서의 개인의 행동은 집단이 나를 어떻게 볼지를 먼저 생각하고 나서 이뤄진다. 행동의 기준점은 내가 아닌 집단이다. 회사, 학교, 각종 단체에서의 나는 집에 와서는 가족이라는 집단으로 겉옷을 갈아입은 채 여전히 집단의 소속으로 살아간다.

집단에 하루 종일 노출된 개인은 자신만의 공간 속으로 숨으려 한다. 이처럼 혼자 있을 때와 집단에 있을 때의 행동이 다르다는 것은 그만큼 남을 의식한다는 것을 보여주는 방증이다. 그래서 남을 의식하지 않아도 되는 집만큼 편안한 곳은 없다.

문제는 집단 속의 나를 너무 그 안에만 오랫동안 가두는 것이다. 집단이 생각하고 보는 관점에 맞춰 나의 생각과 행동은 자유롭지 못한 채 좁혀진 테두리 내에 물때가 낀 것처럼 머물게 된다.

살다 보면 예전엔 몰랐던 것을 한참 지난 뒤에야 깨닫는 경우가 있다. 또한 예전에 알았던 것이 후일 잘못 알고 있었음을 깨닫는 경우도 있다.

왜 이런 현상이 생기는 걸까? 이는 다양한 관점의 시각을 갖기 전에 고정된 믿음이 형성되기 때문이다.

지구 안에 있으면 지구의 본 모습을 알지 못한다. 지구 밖을 벗어나 내가 있던 곳을 관조할 때 비로소 실체를 알 수 있다. 같은 맥락이다. 내가 하는 일이 이 세상에서 가장 중요하다고 생각하다가도 그 일을 벗어났을 때 내가 생각했던 그 큰일은 세상의 작은 일부분에 지나지 않음을 깨닫게 된다. 집단 속에만 머물러 있으면 집단생활이 인생의 전부인 것 같지만, 집단이라는 원 밖으로 나와 그 원을 바라보면 비로소 내가 속했던 집단을 객관적으로 꿰뚫을 수 있다. 나를 알려면 나의 관점과 더불어 집단의 관점을 참고로 해야 하듯이, 집단을 알려면 집단적 관점을 떠나 나만의 시각으로 대상을 바라보는 것이 필요하다.

원 밖의 큰 원은 지금 서 있는 원을 벗어났을 때 비로소 눈에 들어온다.

• The reason why I'm happy for being alone •

집단의 힘과 개인의 힘

사람들은 말한다. 집단을 개인이 이길 수 없노라고! 대체적으로 맞는 말이다. 그러나 절대적인 것은 아니다. 그 반대의 경우를 동물 세계에서 접할 수 있다. 장수말벌은 벌 중에서도 가장 힘이 셀 뿐 아니라 다른 곤충 사이에서도 위협적인 존재이다. 심지어 거미줄에 걸리더라도 자신을 향해 다가오는 거미를 상대하며 진득한 거미줄마저 끊어버리고 유유히 달아나기도 한다.

덩치가 큰 장수말벌 한 마리가 꼬마쌍살벌 수십 마리가 모여 있는 벌집에 가서 여봐란듯이 어린 유충을 게걸스럽게 먹어 치운다. 그렇지만 잔뜩 겁에 질린 꼬마쌍살벌들은 저항 없이 그저 지켜보기만 한다. 꼬마쌍살벌 수십 마리가 동시에 장수말벌을 집요하게 상대한다면 승산이 있음에도 먼저 나서는 놈이 단 한 마리도 없다. 집단적 방관이다. 꼬마쌍살벌들은 평소 서로 협력하여 혼자선 할 수 없는 집짓기를 해낸다. 이미 성공적인 집단 협력의 기억이 분명 있음에도 정작 자신들에게 가장 중요한 애벌레들이 장수말벌 한 마리에 의해 무참히 살육당하는 것을 그냥 지켜만 본다. 왜 이런 일이 벌어질까?

이와는 좀 다른 상황을 살펴보자. 수백 마리의 털보말벌들이 집단적으로 모여 있는 벌집에 이보다 덩치가 큰 장수말벌 여러 마리가 침입을 시도한다. 수적으로 훨씬 우세한 털보말벌들은 꼬마쌍살벌과는 달리 장수말벌들에게 격렬히 저항한다. 하지만 장수말벌은 일대일로 하나씩 상대를 한다. 일대일 싸움에서는 장수말벌이 100전 100승이다. 한 시간 정도 지속된 싸움은 몇 마리 장수말벌의 희생을 겪지만, 결국 장수말벌들의 승리로 끝난다. 이제 남은 건 전리품들을 챙기는 것! 장수말벌들에게 유충은 먹기 좋은 영양 덩어리다.

일개 작은 벌 하나하나는 힘이 없지만 집단으로 모이면 자신들의 왕국을 만드는 큰일을 해낸다. 하지만 아무리 튼실한 집단도 힘이 센 소수의 장수말벌들에게 전멸되기 일쑤다.

그렇다면 몸집의 크기가 우세를 결정할까? 그렇지 않다. 몸집이 몇 배나 큰 사슴벌레도 집요하게 파고드는 장수말벌은 대적하기 버거운 상대다. 혼자 먹이 사냥을 하는 장수말벌은 다음의 특징이 있다.

• The reason why I'm happy for being alone •

첫째, 돌출된 강한 입이 있다.

둘째, 꿀을 비축하지 않는다.

셋째, 크기로 상대를 판단하지 않는다.

첫 번째, 돌출된 강한 입은 싸움에 적합하다. 사람은 저마다 한 가지 이상의 특기가 있다. 하지만 대부분 자신이 이미 가지고 있는 장점보다는 없는 단점을 채우려 노력한다. 생각을 바꿔보자. 나에게 이미 있는 그 무엇에 집중하는 것이 나를 발전시키는 지름길이다.

두 번째, 꿀벌은 유충을 먹여 살릴 꿀을 비축하지만, 장수말벌은 꿀을 비축하는 대신 사냥을 통해 유충에게 직접 영양을 공급한다. 꿀벌이 미래형이라면 장수말벌은 현재형인 셈이다. 미래를 대비하는 일은 당연히 필요하다. 하지만 우리는 평소 언제 올지 모를 불확실한 미래를 위해 현재를 너무 희생하는 경향이 있다. 누군가는 현재의 희생을 통해 장밋빛 미래를 꿈꾸지만, 당장 살아갈 힘든 현실 앞에서 미래를 생각한다는 건 호사스런 사치로 여겨지기도 한다. 이제부터는 불행한 현실을 살며 행복한 미래를 꿈꾸기보다는 행복한 현실을 살며 행복한 미래를 꿈꾸는 건 어떨까?

세 번째, 장수말벌은 자신보다 몇 배나 큰 몸집의 상대의 약점을 끊임없이 파고든다. 사슴벌레는 딱딱한 갑옷을 걸쳐 입고 있어 찔러도 소용없을 만큼 강해 보인다. 그러나 갑옷을 걸치지 않은 팔다리와 배,

머리와 몸의 연결 부위 등은 약점이 될 수 있다. 장수말벌은 상대가 몸집이 크다 하여 절대 주눅 들지 않는다. 기세 좋게 덤벼들기에 오히려 덩치 큰 사슴벌레가 주눅 든다.

　개인이 집단의 힘에 항상 밀리는 것은 아니다. 개인들이 모여 철옹성 같은 집단을 이룰 수 있지만, 반대로 그 철벽같은 집단은 개인 한 명에 의해 무너질 수도 있다.

독학의 묘미

배움의 진정한 기쁨은 스스로 깨우쳤을 때 온다. 우리는 어릴 적부터 스스로 학습하기보다는 타인에게 배우는 데 익숙해져 있다. 한 개인은 유치원, 학원, 학교에서 늘 가르침의 대상이 된다. 물론 여물지 않은 미숙한 성장기는 아직 접해보지 못한 지식과 경험을 스펀지처럼 빨아들이기에도 벅찬 시기다.

사람들은 개인이 스스로 학습할 수 있는 능력보다 학교라는 집단의 힘을 더 신봉한다. 그 밑바탕에는 개인보다 집단지성의 역량이 우세하다는 일상 관념에 따른, 사회적 시스템의 편의성과 대중성에 대한 안도감이 자리하고 있다. 개인병원보다는 종합병원을, 구멍가게보다는 대형 마트를, 중소기업 제품보다는 대기업 제품을, 작은 마을보다는 큰 신도시를 선호한다.

사실, 사시나 행시 같은 어려운 고시 공부는 혼자 하는 것보다는 학원에 다니면서 정보를 공유하고 전문가에게 배워야 효율적이긴 하다. 하지만 개인이 집단보다 항상 열세한 것은 아니다.

독학은 단체 학습에서는 얻을 수 없는 게 있다. 독학은 순전히 나의 계획과 의도에 따를 수 있다. 능동적이고 주도적이다. 단체 학습에서는 내용의 난이도와 나의 이해 여부에 상관없이 평균 수준에 맞춰 일정한 속도로 지나가지만, 독학을 할 땐 내가 이해하지 못한 부분을 만나면 오랜 시간 이유를 생각하며 스스로 깨우칠 때까지 머무를 수 있다. 속도는 느린 대신에 깨우침은 오래 기억에 남는다.

독학은 순전히 나를 위해 존재한다. 나를 향하고 나의 질문을 이끌어내고 나의 반응을 기다린다. 내 것을 좀더 확실하게 남겨준다. 혼자 하는 학습은 산만할 수가 없고, 자연히 집중이 될 수밖에 없다. 몰입을 가능하게 해준다. 생각의 운동을 통해 터득한 지식은 살처럼 내 것이 된다.

미국 뉴욕 업스테이트 그리니치의 한 시골농장에서 태어난 애나 메리 로버트슨 모지스는 농사일을 하다가 소모사(梳毛絲)로 수를 놓는 일을 취미로 했는데, 자연히 노화로 인해 관절염이 들어 그마저도 계속할 수 없게 되자 바늘 대신 붓을 잡았다.

그때 그녀의 나이 75세였다. 순전히 독학으로만 그림을 그렸다. 101세의 생애 마지막까지 그녀가 그린 그림은 무려 1,600점에 달했다. '슈가링 오프(Sugaring off)'라는 작품은 2006년에 120만 달러에 팔렸을 만큼 작품성을 인정받았다.

2015 세계육상선수권대회에서 케냐의 창던지기 무명 선수 줄리우스 예고는 92.72미터의 대기록으로 금메달을 목에 걸었다. 아프리카 선수 최초의 창던지기 금메달리스트가 된 것이다. 그의 금메달이 더욱 값진 것은 남의 도움 없이 혼자 인터넷 영상을 보며 스스로 연구하고 연습해서 얻은 결과라는 점이다.

가난한 집에서 7남매 중 넷째로 태어난 그는 창던지기 하나로 올림픽 3연패의 신화를 이룩한 체코의 얀 젤레즈니의 경기를 우연히 보았다. 그것이 계기가 되어 그는 창던지기 선수가 되기로 마음먹었다. 하지만 아무도 그가 창던지기에서 두각을 나타내리라고는 생각도 못했다. 그랬기에 그를 그 누구도 지원하지 않았다. 하지만 그는 아랑곳하지 않고 혼자서 매진했다.

"줄리우스는 근력이 강하지도 않고 점프력이 뛰어나지도 않다. 하지만 창을 던지는 자세만큼은 최고다."

핀란드의 한 코치의 말이다. 스포츠에서 자세의 중요성은 백번을 강조해도 지나치지 않는데, 정말로 그의 자세를 보고 있자면 자세의 비중이 8할 이상은 되는 것 같다. 여하튼 이 모든 것을 그는 독학으로 일 귀냈다.

　지금 우리는 고급 정보들을 어렵지 않게 일상적으로 체득 가능한 편 리한 시대에 살고 있다. 우리는 운 좋게도 평생 한 번 보기 힘든 예프 게니 키신 같은 세계적인 피아니스트의 공연을 인터넷을 통해 언제든 지 반복해서 감상할 수 있다. 이미 세상을 떠난 루치아노 파바로티의 영혼을 깨우는 감동적인 목소리도 언제든 마음만 먹으면 감상할 수 있다.

　인터넷과 디지털 기술의 발달로 정보 공유가 활발해졌다. 특정 계층 이 독식하던 정보가 이제 일반 대중에게도 널리 공유되는 시대다. 그 야말로 누구나 자습 가능한 독학의 시대에 우리는 살고 있다.

• The reason why I'm happy for being alone •

The reason why I'm happy for being alone

Chapter 4

혼자라서 좋은 것들

처음엔 내가 먼저 널 좋아했지 그저 멀리서

너를 바라보는 것만으로도 나는 행복했어

혼자의 사랑

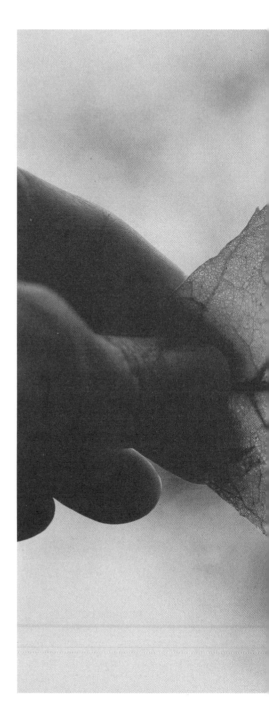

처음엔 내가 먼저 널 좋아했지
그저 멀리서 너를 바라보는 것만으로도
나는 행복했어

그러던 어느 날
햇빛이 따사로운 오후
조심스레 간직한 내 마음을
네게 그만 들켜버렸지

빨개진 내 얼굴에
새하얀 너의 미소가
가만히 내 마음에
살짝이 기대었어

어두운 밤하늘에
토실하게 차오르는 달처럼
우리의 사랑은
달빛으로 무르익어갔지만
점점 야위어가는 우리의 달은
차가운 밤의 기운을 따라
퍼렇게 식어갔지

오늘 따라 유난히도
반짝이는 밤하늘
별빛이 눈물방울로 번져
더없이 아름다운 이 시간
그대가 떠나고 혼자 남은 이 밤에
작은 사랑 별 하나가
조용히 눈을 감는다

버킷 리스트에 담는 나 혼자만의 아이템

누구나 죽기 전에 꼭 해보고 싶은 자기만의 버킷 리스트가 있을 것이다. 그 목록에 아직 한 번도 혼자 해보지 않았던 것들을 넣어보면 어떨까?

혼자 밥 먹기, 혼자 영화관 가기, 혼자 연극 보러 가기, 혼자 여행하기, 혼자 쇼핑하기, 혼자 산책하기, 혼자 살아보기, 혼자 음식 만들어 먹기, 혼자 자전거 타기, 혼자 산행 가기, 여행지에서 혼자 사진 찍기, 혼자 술 먹기, 혼자 카페에서 독서하기, 혼자 전시회 가기, 혼자 고궁 둘러보기……

나는 이미 해본 것들이지만, 여전히 지금도 혼자 즐기고 있다. 생각해보면 아직 혼자 해보지 않은 게 실로 많다.

태양이 흰 구름 사이로 빛을 머금는 푸른 하늘이 아름다운 가을, 담양의 메타세콰이어 길을 그대와 같이 걷는다면 더없이 좋겠지만, 혼자서 걸으며 고독을 즐겨도 나쁘지 않으리.

막상 혼자 하려면 망설여지겠지만, 한두 개씩 리스트에 오른 것들을 해보면 별거 아니란 생각이 들 것이다. 어쩌면 혼자 마주치는 일상들에서 지금껏 보지 못했던, 듣지 못했던, 느끼지 못했던 또 다른 낯선 세계가 있음을 발견하고는 갑자기 내 인생이 물밀듯이 풍요로워지는 느낌에 가슴이 벅차오를지 모른다. 그동안 움츠렸던 어깨가 펴지고 잔잔했던 심장이 두근두근 뛰며 손끝 발끝까지 전율이 짜릿하게 흐르는 감동의 순간을 느낄 수 있다는 나의 감각에 감사하게 될 것이다.

그동안 자기만의 버킷 리스트, 그 무엇인가를 못 한 이유는 시간이 없어서도, 능력이 없어서도 아니다. 단지 할 마음과 용기가 없었기 때문이다. 할 마음만 있으면 없던 시간도 만들어내는 게 사람이다. 무언가를 혼자 하면 남들과 함께했을 때 알지 못했던 것들을 새로이 깨닫게 되고 이전에 느꼈던 것과는 상당히 다른 느낌을 가질 수 있다. 혼자 무언가를 하고 나면 왠지 자신감이 생기고 한층 더 뿌듯해진다.

혼자 한다는 의미는 내가 전권을 행사하는 것이다. 혼자 공원을 거닐면 공원에서 즐겁게 뛰노는 아이들의 해맑은 웃음소리에 마음이 포

근해진다. 혼자 산을 오르면 길을 재촉하는 동료가 없으니 자연의 신비한 세계를 음미할 수 있다. 예컨대 개미들이 열심히 흙 알갱이를 옮기며 굴을 파고 있을 때, 그 안에는 어떤 왕국이 들어설지 느긋하게 상상하는 자유를 만끽할 수 있다. 혼자의 시간은 그간 앞만 보고 달려가느라 간과했던 소중한 것들을 다시 만나게 해주는 기회다.

혼자인 나를 이상하게 보거나 그런 내게 타인의 모든 시선이 머물 것 같은 생각이 들 수도 있다. 하지만 막상 혼자 있을 때 내게 관심을 갖거나 시선을 주는 이는 딱히 없다. 어쩌다 싸움이 나면 싸움 구경을 할 순 있어도 사람들은 가뜩이나 자기 챙기기도 바쁜 세상에서 남의 일에 관심 가질 만큼 여유롭지 않다.

혼자 연극을 보러 가도, 혼자 카페에서 커피를 마셔도 그런 나를 이상하게 볼 사람은 없다. 이상하게 볼 거라 생각하는 나만의 생각일 뿐이다. 오히려 나에게 좀 관심을 가져달라고 소리치고 싶을 만큼 사람들은 다른 이에게 무관심하다. 설령 내게 시선이 머물면 또 어떤가? 나만 괜찮으면 그런 시선들쯤은 가볍게 넘길 수 있지 않을까? 혼자만의 시간을 제대로 즐기는 사람은 오히려 그들을 향해 이렇게 말할 것이다.

"혼자서 하는 게 얼마나 좋은지 당신은 모를 거야."

혼자 듣기 아깝다고 추천해주는 노래가 더 흥미롭고, 혼자 먹기 아

• The reason why I'm happy for being alone •

깝다고 추천해주는 맛집이 더 설렌다. 혼자 먹기 아까울 만큼 맛있는 걸 발견했을 때 떠오르는 얼굴이 있다면, 그걸로 행복한 것이다. 혼자 보기 아까울 만큼 재미있는 웹툰을 발견했을 때 떠오르는 얼굴이 있다면, 그걸로 족한 거다. 그런 마음이 들 때 인생은 살맛이 난다.

혼자 있는 시간이 내게 준 선물

:

아내는 광주 사람이다. 한때 광주와 전주를 1년씩 오가며 살기도 했지만, 결국 일 때문에 떨어져 살아야 했다. 당연히 크고 작은 불편들이 생겼다. 사랑하는 아내와 딸을 매일 볼 수 없는 아픔이 따랐고, 주말마다 버스로 장거리 여행을 하고 출근 하루 전날 올라오는 일이 반복되었다. 평소 함께하지 못하기에 짧게나마 주말 휴일 동안 아이와 노는데, 그 시간이 그렇게 빨리 지나갈 수가 없다.

평일에 나 혼자만의 시간이 생길 때, 그 시간을 어떻게 유용하게 보낼까 생각하다가 주로 책을 읽거나 안방 영화를 봤다. 집 뒷산으로 산책도 자주 했다. 혼자 지내는 시간이 많아지면서 자연스럽게 생각도 많아졌다. 자유로운 상상을 할 여유가 생기면서 가치관도 바뀌기 시작했다. 예전엔 남만 배려하는 타인 중심적인 삶을 살았다. 그러나 이제는 그동안 돌보지 못했던 중요한 한 사람에 대해 관심을 갖기 시작했다. 그 한 사람은 다름 아닌 나 자신이다. 나를 위한 것이 무엇인지, 나를 살찌우는 것이 무엇인지 생각했다.

'나는 무엇을 좋아할까?'

'나이가 들어도 계속할 수 있는 일은 무엇일까?'

그 질문이 지금의 나를 만들었다. 가족을 위하는 길이 온전히 나를 위한 것은 아니었다. 나를 희생하면 당장은 삶이 유지되겠지만 길게 보면 가족에게도 결코 도움이 되지 않는다는 것을 깨달았다. 그렇게 스스로를 돌아보는 시간이 나의 잠재력을 일깨우는 계기가 되었다.

내가 좋아하는 것들은 'Writing'이었다. 글을 쓰는 것은 10대 때부터 좋아해서 라디오방송에 엽서를 보냈고, 곡을 쓰는 일은 20대 때부터 좋아해서 대학 시절 기타 코러스 동아리연합 회장을 하며 연주회 때 내가 쓴 곡을 연주하고 노래했다. 사진 찍는 것은 30대 때부터 좋아해서 여행지뿐만 아니라 일상 어디에서나 느낌이 닿는 대로 사진을 찍었다. 40대에 와서는 30대 때 좋아했던 그림을 직접 그려보기로 큰 마음 먹고 미술학원에 다니며 그림을 그렸다.

50대 때는 또 무엇을 할 것인지 모르겠지만, 지금까지 내가 좋아했던 것들의 공통점이 'Writing'이라는 걸 발견했다. 'Writing'은 표현이다. 안에 있는 것들을 밖으로 끄집어내는 일이다.

• The reason why I'm happy for being alone •

글과 곡은 쓴다는 표현을 하지만 사진과 그림은 쓴다는 표현이 어색한 것 같다. 그러나 사진은 담는 그 순간이 짧을 뿐 대상은 피사체가 되기까지 오랜 시간을 담고 있다. 그래서 사진은 과거의 시간을 떠올리게 하는 신비의 약처럼 사진에 담는 그 순간과 이전의 함축된 의미까지도 전달하는 것이다. 담고 싶은 장면에 마음을 썼던 작은 고심까지도 사진에 남는다. 그림은 단순히 하얀 캔버스를 물감으로 채우는 것이 아니다. 나비 한 마리를 그리기 위해서는 나비를 나의 가슴속에 데려오지 않으면 안 된다. 종이에 연필로 글을 쓰면 나만의 독특한 필체가 남듯이, 그림은 똑같은 대상도 내 식대로 마음으로 그렸던 것을 화폭에 그리는 형태로 쓰는 것이다.

인생에서 혼자 있는 시간은 그리 많지 않다. 어쩔 수 없이 혼자 있는 시간이 주어진다면 또는 어렵게 혼자 있는 시간을 가졌다면, 밖에서 허전함을 달래줄 무엇을 찾기보다는 내 안에 잠자고 있는 나를 위한 열정의 열매를 찾아보자. 그 열매를 찾았다면 물을 주고 햇볕도 쬐며 찬찬히 시간을 음미하며 순간순간을 즐겨보자. 나에게도 미풍에 흔들리는 길가의 작은 꽃잎이 웃으며 노래하는 그런 아름다움을 발견할 기회를 주자.

혼자 떠나는 여행

여행은 자신을 깨닫는 좋은 기회다. 이만큼 서툴고 이만큼 미숙한 게 나였다는 것을 알게 되는 시간이다.

여행 일정부터 숙소 예약까지 모든 것을 혼자 계획하고 결정해야 한다. 무거운 짐도 늘 나 혼자의 몫이다. 함께 이야기를 나눌 파트너가 없어도 고독한 상황을 견뎌내야 한다. 내가 먼저 다가가서 길을 묻고 내가 먼저 약속을 잡아야 한다. 둘이 하면 반값인 렌터카 대여의 경제적 이득도 누릴 수 없다. 밥 먹으라고 깨워주거나 따뜻한 아침상을 차려줄 사람도 없다. 나 스스로 찾고 알아서 움직여야 한다.

이렇게 불편한데, 이렇게 스스로 신경 써야 할 게 많은데 왜 혼자 여행을 떠나야 할까?

혼자 여행하면 나만의 시간을 온전히 누릴 수 있다. 가령 비 갠 이른 아침, 은빛 이슬을 방울방울 머금은 초록빛 풀잎들 사이로 난 숲길을 나 홀로 걸으며 나 혼자만의 시간을 음미하는 것이다. 내가 좋아하는 음악과 더불어⋯⋯.

혼자 떠나는 여행의 진짜 묘미는 나를 '갖고, 놓는' 데 있다.

첫 번째, 나를 갖는다는 것은 내가 내 것이라는 생각이 들 만큼 나 자신과 친밀해지는 시간을 갖는 것이다. 동행하는 사람이 없으니 서로 시간을 맞출 필요도 없고, 서로 목적지를 맞추지 않아도 된다. 마음에 드는 어느 한곳에 오래 머문다 해도 뭐라고 할 사람이 없어서 좋다.

내 뜻대로 발길, 눈길, 손길 닿는 대로 따르면 된다. 마음에 내키지 않는 곳에서 시간을 보내지 않아도 된다. 먹고 싶은 게 있으면 먹고, 하고 싶은 게 있으면 하면 된다. 구속 없는 진정한 나를 가질 수 있는 자유다.

두 번째, 나를 놓는다는 것은 그동안 이것저것 따지느라 꽉 움츠렸던 마음을 여행길 위에서만큼은 열어놓는 것이다. 이것저것 고려할 필요 없이 느낌 가는 대로, 생각 가는 대로 흘러가면 된다. 긴장을 풀어버리는 것이다.

의식하고 배려할 대상이 없으니 오롯이 나 스스로에게만 충실하면 된다. 산을 오르는 것을 좋아하지 않는 상대를 배려하여 청아한 숲의 내음과 소복소복 걸을 때 느껴지는 푹신한 흙, 나뭇잎 사이로 간간이 비추는 따사로운 햇살을 산행 중도에 포기하지 않아도 된다. 길을 가다 급한 볼일이 생겨도 기다리게 하는 미안한 마음을 갖지 않아도 된다.

혼자 떠나는 여행은 온전히 세상에 있는 그대로의 모습으로 나를 꾸밈없이 놓을 수 있게 한다. 여행은 고루하게 반복되는 일상을 떠나 낯선 곳으로 향함으로써 익숙함으로부터 잠시 떠나는 것이다. 어느새 다시 익숙함이 그리워지기 시작하면 그때 제자리로 돌아오면 되는 것!

레일 위를 혼자 달리는 기차 여행은 고속도로를 달리는 자동차 여행과는 다른 묘미가 있다. 길게 드리운 레일에는 오직 하나의 기차만이 달릴 수 있다. 어느 누구도 앞길에 끼어들거나 뒤에서 경적을 울릴 일이 없고 좌우를 살필 필요도 없다. 게다가 목적지까지 소요되는 시간을 정확히 예측할 수 있다. 신경 쓸 일이 적기 때문에 오롯이 다른 일에 집중할 수 있다. 반면, 고속도로를 달리는 차는 앞뒤 옆 사방으로 달리는 차들을 의식해야 하기 때문에 피로도가 크다.

여행을 마치고 돌아오면 순간순간 음미했던 순간들을 떠올릴 수 있을 것이다. 카메라에는 담을 수 없는 말로 표현하기 힘든 감동의 순간을 오래도록 가슴에 간직할 것이다. 보고 듣고 느끼며 깨달으면서 성숙해져가는 나 자신을 대견스럽게 여길 것이다. 여행지 자체도 좋았지만, 여행지에서 좋은 기운을 받은 내 모습에 흡족해할 것이다. 그런 나를 사랑할 수밖에 없음을 감사해할 것이다.

• The reason why I'm happy for being alone •

혼자여도 좋은 것들

•
•

나 홀로 차를 몰고 출근하는 이른 아침, 카 라디오에서 평소 좋아하는 곡이 흘러나온다. 리듬을 타고 흥겹게 선율을 음미하다가 이내 큰 목소리로 따라 부른다. 누구의 방해도 받지 않은 채 한바탕 신나게 열창하는 솔로 가수가 된다. 때로는 작렬하는 카리스마를 내뿜으며 오케스트라를 이끄는 지휘자가 되기도 한다. 나는 자주 이런 식으로 혼자서 잘 노는 편이다.

선들바람이 부는 화창한 날에 소나무, 전나무 향기 가득한 산을 오르면 몸도 마음도 상쾌해진다. 좀 높은 산 정상에 오르면 한 번 꼭 해야 할 일이 있으니, 바로 '야호'를 외쳐주는 일이다. 하지만 주위에 사람들이 너무 많을 경우, 쑥스러운 마음에 마음속으로만 외치기도 한다. 그럴 땐 가끔 산 정상에 나 혼자만 있었으면 좋겠다는 생각이 들기도 한다.

나는 높은 산을 오르는 것보다 동네의 낮은 산을 오르는 것을 더 좋아한다. 그것도 혼자서……. 언젠가 동네 사람과 함께 산을 오른 적이 있는데, 얘기를 나누느라 정작 산행을 제대로 음미하지 못했기에 그 다음부터는 항상 혼자 산에 오른다. 사실, 여러 사람과 함께하는 산행은 대개 목표 고지에 오른 다음 다시 빨리 내려오는 데 초점이 맞추어져 있다. 이럴 경우, 신체적인 운동 효과 외에 별다른 의미란 없다.

나는 용인에서도 외곽 지역에 속하는 포곡읍이라는 곳에 살았는데, 집 바로 뒤에 산이 있어서 주말마다 산에 올랐다.

전나무 향기 그윽한 초입의 구간은 내가 가장 좋아하는 길이다. 운동을 목적으로 한다면 왕복 한 시간이면 족할 길이다. 그런 길을 나는 천천히 간다. 맑은 공기를 한껏 마시며 이름 모를 꽃을 관찰하거나 나비가 이리저리 춤추는 모습을 구경하는 재미가 쏠쏠했다. 그렇게 두 시간이고 세 시간이고 시간에 구애받지 않은 채 충분히 산행을 즐기곤 했다. 그때 숲에서 벌어지는 갖가지 현상들을 여유롭게 관찰하면서 자연에 대한 깨달음을 많이 얻었는데, 글에 담긴 통찰적 원리들은 대부분 거기서 나왔다.

숲은 학교에서 배웠던 것보다 훨씬 풍부한 지혜와 깨달음을 내게 안

겨주었다. 그 중 하나를 소개하자면, 첫 번째 저서 『아이디어 큐레이션』에서 창의적 통찰 원리 첫 번째인 관점의 이동 중 대상의 이동이라는 원리가 있다. 그날도 전나무 숲 향기를 맡으며 한결 가벼워진 발걸음을 기분 좋게 옮기고 있었는데, 문득 숲의 침엽수에서 내뿜는 피톤치드에 대해 생각하게 되었다. 상식적으로 피톤치드는 우리 인간에게 매우 이로운 물질로 면역력을 강화시켜주는 효과가 있다고 알려져 있다. 인간으로선 대개 고마운 일이다. 그런데 한 가지 의문이 들었다. 왜 전나무는 피톤치드를 내뿜는 걸까? 그래서 알아보니 피톤치드는 원래 자신을 방어하기 위해 유해균이나 해충에게 내뿜는 물질인 것이었다.

그렇다면 여기서 드는 또 하나의 의문은 '피톤치드라는 물질은 변함이 없는데 왜 그 대상이 누구냐에 따라 한쪽에게는 유익하고 한쪽에게는 유해할까?' 하는 것이었다. 그것은 기본적으로 생물학적인 차이로 받아들이는 대상이 다르기 때문인데, 벌의 침이 자신을 위협하는 동물에게는 위협적이지만 인간에게는 약으로도 쓰이는 이치와 같다. 피톤치드의 살균 효과는 탁월해서 실제 소나무나 전나무를 보면 벌레가 먹은 잎을 볼 수 없다. 피톤치드는 암세포만 정밀 조준하여 잡아먹는 'NK세포'를 활성화시켜 사람의 면역력을 향상시키는 작용을 한다.

나는 자연의 이 놀라운 이치에서 하나의 원리를 깨달았다. 하나의 동일한 물질이라도 대상이 무엇이냐에 따라 그 효용은 달라진다는 것이다. 즉, 피톤치드라는 물질은 변함이 없는데, 그 대상이 세균인지 사람인지에 따라 수용되는 효용은 완전 다르다는 것이다. 이것이 관점의 이동 중 대상의 이동 원리이다.

우리가 수학과 과학 시간에 '원리'를 배우는 것은 응용 가능성의 세계가 열리기 때문이다. 마찬가지로 이 원리를 응용하면 창의적인 발명품이 나올 수 있다. 아이를 키우고 있거나 키워본 경험이 있는 사람이라면 누구나 젖병 소독기를 잘 알 것이다. 젖병 소독기의 핵심 기능인 '소독'을 이번엔 젖병이 아닌, 책으로 그 대상을 옮기면 어떤 결과가 나올까? 공공도서관에서 볼 수 있는 바로 책 소독기가 탄생한다. 그럼 이번엔 휴대전화로 그 대상을 바꾸면? 그렇다. 휴대전화 소독기가 된다.

아이디어란 이런 것이다. 그 원리를 한번 깨우치면 얼마든지 응용이 가능하다. 이러한 원리를 나는 혼자 숲을 거니는 가운데 자연을 관찰하고 생각하면서 얻어낸 것이다. 그 외에도 자연의 관찰을 통해 깨우친 원리가 많지만 여기까지만 소개하겠다.

원리를 깨우치는 것은 관심과 호기심을 갖고 혼자 있는 시간을 갖는 데서 비롯된다. 만약 내가 산을 오를 때 동네 사람들과 항상 같이 다녔다면 수다를 떠느라 자연에 오롯이 관심을 갖지 못했을 것이다. 혼자 여행을 떠났을 때 깨닫는 바가 큰 이유는 생각할 시간을 충분히 가질 수 있기 때문이다.

지금까지는 어떻게 하면 인간관계를 잘 맺고 네트워크를 형성하느냐에 관심을 쏟았다면 이제는 무엇이든 철저히 혼자 해보는 경험을 통해 삶의 균형점을 찾아보라. 인간은 어떤 식으로든 다른 사람과 관계를 맺고 살아야 하는 동물이지만, 모든 순간을 관계에만 의존할 수는 없다. 그 관계라는 것도 내가 잘되어야 유지가 된다. 혼자만의 시간을 통해 진정한 자기 가치를 발견했을 때 관계도 존속할 수 있다.

• The reason why I'm happy for being alone •

잘 내려놓기

천성적으로 사람을 좋아해서 잠시도 혼자 있는 걸 못 참는 사람이 있다. 그런 사람은 혼자 남겨지기가 무섭게 즉시 불안해하며 어찌할 바를 몰라 한다.

인간은 누구나 집단의 지나친 간섭을 꺼리는 동시에 집단으로부터 소외되는 것 또한 두려워한다. 그 두려움은 크고 작은 갈등을 만든다. 별로 내키지 않는 상대의 부탁이지만 원만한 인간관계가 혹 깨질까 선뜻 수락을 하고, 마음에도 없는 말로 적당히 상대의 기분을 맞춘다. 먹고 싶은 메뉴가 있지만, 혼자만 유별나게 보이는 것 같아 대세에 편승하고, 다른 의견이 있지만 찍힐까 두려워 침묵한다.

집단의 구성원은 보이지 않을 뿐 저마다 가면을 쓰고 있다. 그 가면은 술자리에서 종종 벗겨지곤 하는데, 술이 깬 다음 날 괜한 소리를 한 건 아닌지 후회하며 하루 종일 찜찜한 기분에 빠져 있기도 한다.

홀로 남겨지는 소외의 두려움에 빠지지 않으려는 마음 때문에, 남들이 자신을 얕볼지도 모른다는 생각 때문에 사람들은 가면을 쓴다. 문제는 그게 누적이 되면 불만을 넘어 스트레스가 쌓인다는 사실이다.

가면을 너무 오래 쓰고 있다 보면 어느 순간 답답한 가면을 벗어버리고 싶은 충동에 휩싸이게 마련이다. 불만이 쌓인 원인을 상대방에게 돌리기도 한다. 혼자 남겨질 소외의 두려움을 극복하지 못한 자기 원인은 외면한 채 말이다.

이럴 때 필요한 건 마음을 비우는 일이다. 이런저런 시나리오가 여전히 눈에 선하다면, 그 집착하는 것을 내려놓겠노라 스스로에게 다짐해보자. 내가 연연해하는 것은 대중적 인기요, 남들에게 잘 보일 이미지요, 거절했을 때 받을 수도 있는 불이익이요, 나를 얕보이게 만들지도 모를 것들의 원천이다. 이것들을 내려놓지 않는 이상 가면은 계속 써야 한다.

'인기 좀 떨어지면 어때?', '손해 좀 보지 뭐?', '완벽한 사람은 없잖아?' 등으로 생각의 전환을 해보면 어떨까? 그러면서 예컨대 거절할 땐 정중하고 예의 있게, 반대 의견을 제시할 땐 상대를 깎아내리지 말고 최대한 차분한 말투로 자기 생각을 펼치고, 모르는 게 창피한 것이 아니라 모르고도 그냥 넘어가는 것이 문제라는 당당한 마인드를 갖는 것이다. '당당하되 예의 있게'가 내려놓기의 핵심이다.

아이러니하게도 인간관계에서 오는 갈등은 인간관계를 너무 잘하려는 욕심에서 비롯된다. 나라는 사람은 만인의 연인일 필요는 없다. 마음 맞는 단 한 사람의 파트너만 있어도 족하다. 가면을 벗으라. 그래야 자신의 캐릭터를 확실하게 어필할 수 있다. 그럴 때 남들이 쉽게 딴죽을 걸지 못한다. 두려워하는 그 대상을 내려놓으라.

미래의 '혼자 산업'

뇌가 차지하는 무게는 우리 몸의 2퍼센트밖에 되지 않는다. 그럼에도 주에너지원으로 사용되는 포도당 25퍼센트, 산소 20퍼센트를 소비한다. 사무직이 가만히 앉아 노는 일처럼 보여도 단위 시간당 가장 많은 에너지를 소비한다는 사실이 그 실례다. 그래서 머리를 많이 쓸수록 더 허기를 느끼게 되는 것이다. 만약 뇌에게 입이 있다면 이렇게 말할 것이다.

"에너지가 거의 소모되었으니 얼른 보충해줘."

특별히 한 게 없는 것 같아도 사무 직장인이 피곤을 느끼는 이유는 그만큼 뇌를 많이 활동시켰기 때문이다. 뇌가 피로한 남성들은 술로써 피로를 달래려 하지만, 정작 목구멍으로 쏟아지는 술은 독에 지나지 않을 뿐이다. 해독하기 위해 간만 더 피로해지고 피곤한 뇌는 위로조차 받지 못한다.

그런데 실상은 뇌보다 간이 더 피곤한 걸로 알려져서 간 영양제가 더 잘 팔린다. 진짜 필요한 건 뇌 영양제인데 말이다. 특히 인간관계를 맺는 동안 생존을 위한 뇌의 불꽃 튀는 활동, 그 에너지 소모는 상당하다. 만약 이러한 메커니즘이 확실히 연구되어서 어떤 제약사가 뇌 영양제를 생산, 마케팅한다면 완전 대박이 나지 않을까?

뇌가 피곤한 직장인들을 위해 오피스 건물이 밀집한 상업지구 주위에는 발 빠르게 쉼터가 생겨나고 있다. 점심 자투리 시간을 쪼개서 낮잠을 실컷 잘 수 있는 신종 카페가 생겨났다. 그 시간 그 공간에서만큼은 나 혼자다. 불편한 시선도 없고 재촉하는 상사도 없다. 온전히 홀로 여유를 누리는 달콤한 시간이다. 일하는 남녀의 피로도가 큰 대한민국에서는 성장할 수밖에 없는 업종이지 싶다.

우리나라에서 '혼자 산업'은 이제 시작 단계에 있다. 지금까지는 '함께' 어우러져 놀고 마시고 먹는 산업이 융성했다면, 앞으로는 상당 부분 '혼자'의 시간을 보낼 수 있는 산업이 커질 것이다.

피로도가 커질수록 본능적으로 혼자 있고 싶어지는 게 인간 심리다. 새로운 산업은 이전에 없었던, 또는 잘 보이지 않았던 인간의 욕구를 누군가가 먼저 그 가능성을 알아보고 실행함으로써 태동된다. 이들을 우리는 '퍼스트 무버(First Mover)'라고 부른다. 그러면 그 뒤엔 '패스트 팔로어(Fast Follower)'가 붙는다. 재빠르게 편승하는 것도 하나의 생존 지혜다. 이 양자의 싸움으로 승자가 가려질 것이다.

사회는 나를 소중하게 대해주지 않고, 나를 따스한 눈길로 봐주지도 않으며, 나를 마치 감정 없는 기계처럼 대하기도 한다. 그렇기 때문에 반대로 나를 소중하게 생각하고 나를 진정으로 위하며 나의 감정을 다독여주는 산업이 있다면 눈을 돌릴 수밖에 없다.

2015년은 '레시피 열풍의 해'라고 해도 과언이 아닐 정도로 레시피가 큰 인기를 끌었다. 사실, 집밥 백선생이 아니어도 블로그나 카페 등 SNS에서 이미 오래전부터 요리 레시피가 공유되었고 인기를 끌었다. 집에서 아내가 백선생 레시피대로 몇 가지 음식을 해주었는데 개인적으로는 '콩나물불고기'가 가장 맛있었다. 그래서 가끔 해먹는 단골 메뉴가 되었다.

예부터 유명 식당에서는 자신만의 요리 비법이 담긴 레시피가 가보로 소중하게 간직되었지만, 공개와 공유의 시대적 흐름으로 인해 그 비법들이 대중에게 공개되기 시작했다. 무료 공개는 더 많은 참여자를 이끌었고 전체 파이를 키웠다.

우리나라의 1인 가구 비율은 약 26.5퍼센트로 500만이 넘는다. 20년 후에는 더 높아져서 3가구 중 1가구는 1인 가구가 될 전망이다. 자취

생활 혹은 직장생활을 위해 일시적으로 상경한 미혼 남녀, 독거노인, 싱글족, 어쩔 수 없이 혼자가 된 싱글맘, 기러기 아빠 등이 1인 가족에 해당된다. 이제 혼자 사는 사람은 더 이상 비주류가 아니다. 평균연령의 상승, 집값 상승과 더불어 불거진 전세 부족 등의 주택 문제로 말미암아 앞으로는 일본처럼 소형 평형의 주택이 훨씬 더 많아질 것이다.

내 경우도 혼자 살았던 기간이 꽤 오래된 편이다. 처음으로 대학 3학년 때 1년간 하숙했고, 취직한 후에는 복잡한 서울이 싫어 공기 좋고 한적한 에버랜드 근처 용인 외곽에 살았고, 결혼 후에도 주말부부로 살아가고 있다.

혼자 살 때 요긴하게 쓸 수 있는 것 중 하나가 레시피다. 레시피는 음식을 잘 못하는 초보자가 전문가의 수준을 흉내 낼 수 있는 가장 쉬운 도구이다. 대개 미리 해놓은 밑반찬으로 끼니를 해결하지만 종종 즉석에서 만든 따뜻한 요리가 먹고 싶을 때도 있다. 그럴 때 레시피만 있으면 혼자 힘으로 뚝딱 해결할 수가 있어서 편리하다. 앞으로는 1인 가구가 더 늘어날 것이기 때문에 이런 식으로 1인 가구가 불편함이 없도록 도와주는 상품이나 서비스가 많이 생길 것이다.

일본에는 2009년도에 이미 친구를 대여해주는 서비스까지 생겼다. 요즘은 로봇이 떠오르고 있는데, 1인 가족의 외로움을 달래주고 취미생활을 할 수 있는 것으로 드론이 부각되고 있다. 로봇 청소기, 로봇 인형의 진화가 어떻게 이어질지 귀추가 주목된다.

음악을 좋아하는 사람이라면 함께 모여서 합주하는 형태보다는 혼자서도 충분히 연주할 수 있는 악기를 선택할 것이다. 우리나라는 아직 많진 않지만 1인 가구가 많은 유럽에서는 이미 오래전에 셀프 주유소가 일반화되었다. 인스턴트 체인점의 대명사 맥도널드에서는 점원의 도움 없이도 혼자서 결제하고 주문까지 할 수 있는 키오스크(Kiosk)가 나왔다.

기계는 처음에 다룰 때만 어렵지, 사실 익숙해지면 그보다 빠르고 편리한 것도 없다. 언젠가 우체국에 우편을 보내려고 간 적이 있는데, 번호표를 뽑고 한참을 기다려야 했다. 그래서 처음으로 무인 우편물 기계 앞에서 가이드대로 따라 했더니 비교적 쉽게 우편물을 보내고 결재까지 그 자리에서 했다. 참 편리하다는 생각을 했다.

요즘 신축 아파트에는 기본으로 무인택배 시스템이 있어서 혼자 택배를 보내고 받을 수 있다. 어쩌면 미래에는 5인승 승용차 대신 영화에서처럼 콤팩트한 1인 승용차가 나올지도 모른다. 그동안 혼자 술 마시러 가면 청승을 떠는 것처럼 보였지만 앞으로는 좀 더 당당하게 홀로 음주를 즐길 수 있지 않을까 싶다.

아이러니하게도 취업 준비생들의 강력한 경쟁자는 다름 아닌 기술의 발전이다. 자동화 기술의 발전은 특히 서비스업에 종사하는 직원들의 일자리를 위협할 것이다. 기계와 컴퓨터가 상당 부분 대신하게 될 테니까 말이다. 점점 셀프로 해야 하는 일들이 많아질 것이다. 사람과 사람 간의 소통에서 사람과 컴퓨터 또는 사람과 기계 간의 소통이 일상화될 것이다.

사람 간에는 융통성을 부릴 수 있지만, 기계나 컴퓨터는 융통성이 통하지 않는다. 원리 원칙대로 하지 않으면 도통 말을 듣지 않는다. 앞으로 이들을 다룰 줄 모르면 불편해지는 세상이 오는 것이다.

지금까지는 가장 목 좋은 상권에 자리를 차지하는 업종이 은행이었다. 하지만 이러한 관행은 바뀌고 있으며 앞으로는 쉽게 은행을 보긴 힘들 것 같다. 1층에는 주로 365 코너가 자리하고 지점은 2층으로 옮겨가고 있기 때문이다. 게다가 지점이 아예 없는 인터넷 은행도 생긴다. 치솟는 임대료와 물가 상승, 모바일 인터넷의 발전에 따른 오프라인 상점 매출의 하락과 맞물려 업소 주인 입장에서 인건비 부담 때문에 1층 매장을 은행처럼 점점 무인 상점으로 전환하는 경우가 늘어날지도 모른다.

앞으로는 대형마트에 갈 때 계산대에서 줄을 설 필요 없이 개인용 스캐너를 직접 들고 다니면서 원하는 제품에 스캐닝을 하고 셀프 스크린에서 구매 목록을 확인한 후 간단히 결재를 한 다음 집에 빈손으로 가면 되는 세상이 올 것이다. 박스에 다시 물건을 담고 포장해서 무겁게 짐을 짊어지고 집에 갈 필요 없이 알아서 배송까지 해주는 새로운 쇼핑 문화가 열릴 것이다. 이 콘셉트는 실제 S기업이 2015년 10월 코엑스몰에서 전시까지 했다.

이뿐만이 아니다. 앞으로는 해외에 여행할 때 더 이상 줄을 서서 탑승수속을 밟을 필요가 없어질지도 모른다. 곧 도입 예정인 인천공항의 자동 탑승수속 서비스를 통해 여행객은 항공사 직원을 통하지 않고 스스로 좌석을 배정받고 탑승권을 발권받으며 수하물까지 직접 실을 수 있게 된다. 기존보다 수속 시간이 더 단축된다.

자동화는 사람의 일자리를 대신한다는 점에서 일견 안타까운 일이긴 하지만, 앞으로는 나의 의지와는 상관없이 점점 혼자 할 수 있는, 혼자 해야만 하는 일이 많아질 것이다.

모든 것을 혼자서

2001년 9월에 개봉한 〈브리짓 존스의 일기〉는 개인적으로 참 재미있게 본 영화다. 르네 젤위거, 휴 그랜트, 콜린 퍼스 등 내로라하는 대스타들이 출연해 흥미진진한 기대를 모았는데, 관람 내내 얼마나 웃었던지 어떻게 두 시간이 흘렀는지 모를 정도였다.

오랫동안 싱글로 지내오면서 자신감을 상실했던 브리짓 존스(르네 젤위거 분)에게도 어느 날 애인이 생긴다. 큰 키에 잘생긴 외모, 직업까지 완벽한 변호사 마크(콜린 퍼스 분)! 하지만 그 앞에 서면, 뚱뚱한 외모에 알코올 중독 수준인 자신을 생각하면 한없이 작아지는 그녀다. 그러던 중 만인의 연인인 바람둥이 다니엘(휴 그랜트 분)이 나타나면서 3각관계의 웃기고도 슬픈 예측 불허의 상황이 전개된다.

10년이 훌쩍 더 지난 지금 다시 그 영화를 떠올리면 기억나는 건 영화의 어느 한 장면이 아닌 OST다. 그것은 미국 가수 에릭 카멘이 1975년에 발표한 'All by myself'라는 곡이었다. '모든 것을 혼자서'라는 의미다. 이 OST는 남녀 주인공이 한껏 분위기가 고조되는 시점에 주인공 브리짓 존스가 예기치 못하게 망신을 당하거나 실수를 해서 분위기가 차갑게 반전될 때 등장한다.

"그래, 내 팔자에 무슨 연애람? 이제 다시 혼자가 되겠지. 혼자서 살아야 하겠지."

이러한 체념의 뉘앙스다. 잘될 것 같으면서도 구렁텅이로 처박히는 그녀의 연애생활이 계속된다. 어느 날 늦은 밤 홀로 방에서 술을 병째 들이켜면서 외로움에 몸부림을 치는 그녀. 혹시나 하고 전화기 앞으로 다가가 수신된 메시지가 있는지 눌러보지만 "You have no message"라는 냉랭한 기계음에 가슴을 쓸어내린다.

흥미로운 건 이 곡은 원래 러시아의 낭만파 작곡가인 라흐마니노프가 1901년에 작곡한 총 3악장으로 구성된 피아노협주곡 2번 중 2번째 악장에서 멜로디 일부를 차용했다는 점이다. 이 곡은 라흐마니노프를 일약 세계적인 음악가로 등극시키며 큰 성공을 가져다주었다. 하지만 이 곡을 만들기까지 아픈 시절을 감내해야 했다.

미래가 촉망되는 20대 초반의 재능 있는 젊은 피아니스트 라흐마니노프는 교향곡 1번을 야심차게 작곡했지만, 기대와는 달리 전문가들로부터 혹평을 받았다. 그 후 근친관계인 연인과 결혼하려 했지만 성혼하기까지 가시밭길을 걸었다. 러시아 교회에서는 근친을 허용하지 않았기 때문이다. 결국 결혼에 성공하지만 아픔이 남았다.

한번은 당대의 거장 톨스토이 앞에서 친구의 노래에 맞춰 피아노로 반주를 했다. 반응은 냉담했다. 도저히 듣기 힘들다는 악평을 받은 그는 절망의 나락으로 빠져들었다. 다행히 그는 니콜라이 달 박사를 만나 심리 치료를 받고 자신감을 회복했다. 그는 그간의 깊은 마음의 상처를 딛고 우울과 의기소침했던 지난날을 극복하며 피아노협주곡 2번을 발표했다. 이를 계기로 그는 세간의 관심과 사랑을 한 몸에 받으며 극적인 인생 반전에 성공한다.

만약, 라흐마니노프가 타인의 평가에 좌절한 후 철저히 혼자 남겨진 시간 동안 자신감을 회복하지 못했다면 피아노협주곡 2번 같은 불후의 명곡은 세상에 나오지 못했을 것이다. 우연의 일치인지 이 곡의 2악장의 멜로디의 메인 라인이 'All by myself'라는 팝 명곡에까지 영향을 주었다. 이 두 곡의 공통점은 혼자 남겨진 인간의 서정성을 잘 표현했다는 점이다. 사람이 감동을 받는 순간은 공감의 대상을 발견하고 그 감정이 극적으로 고무되는 순간일 것이다.

혼자 있을 때 외롭지 않으려고 발버둥을 치며 타인과 다른 대상에게 자꾸 눈길을 주기보다는, 그냥 있는 그대로의 내 모습과 마주해보자.

그리고 솔직한 자신의 감정을 인정해보자. 혼자 있는 시간 자체를 즐길 수 있으려면 거울 속에 비친 내 모습을 부정하지 않고 있는 그대로 인정하는 마인드가 필요하다. 그 어떤 의미 있는 것을 애써 찾지 않아도 된다. 그동안 케케묵은 자기감정으로부터 본연의 원시적인 눈물 한두 방울과 가둬두었던 웃음보를 끄집어낼 수 있는 기회로 나 자신을 이끌어보자. 영화든 음악이든 책이든 마음 가는 대로 느낌 가는 대로 접하면서…….

잠시 이성을 저만치 물려두고, 원초적인 나를 감성의 무대 위에 올려보자. 그 위에서 맘껏 감정을 표출하고 나면 나의 무뎌진 감성이 다시금 촉촉이 되살아날 것이다. 억눌렸던 감정이 스르르 풀리며 깨끗이 정화되고 순화되는 평온의 시간을 만날 수 있을 것이다.

The reason why I'm happy for being alone

Chapter 5
혼자의 발견

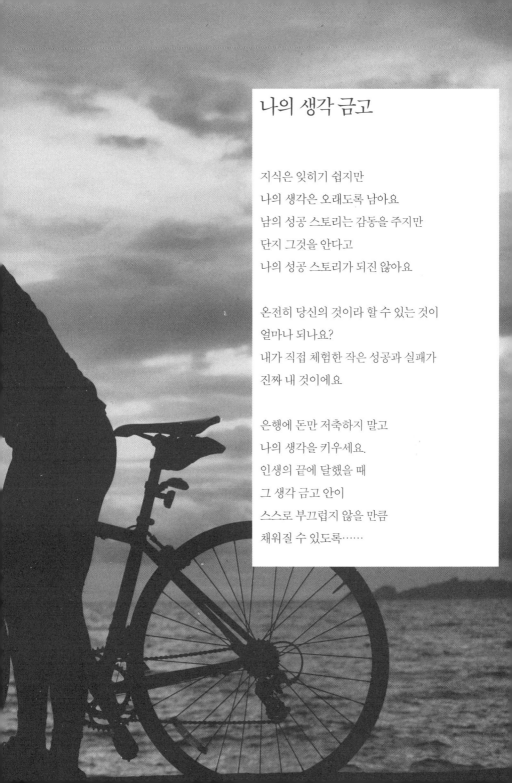

나의 생각 금고

지식은 잊히기 쉽지만
나의 생각은 오래도록 남아요
남의 성공 스토리는 감동을 주지만
단지 그것을 안다고
나의 성공 스토리가 되진 않아요

온전히 당신의 것이라 할 수 있는 것이
얼마나 되나요?
내가 직접 체험한 작은 성공과 실패가
진짜 내 것이에요

은행에 돈만 저축하지 말고
나의 생각을 키우세요.
인생의 끝에 달했을 때
그 생각 금고 안이
스스로 부끄럽지 않을 만큼
채워질 수 있도록……

나를 위한 것

•
•

2006년 독일에서 제작된 〈타인의 삶〉이라는 영화가 있다. 시대적 배경은 정부의 감시와 도청이 일상화된 1984년 통일 전 동독이다. 극작가 드라이만은 반체제 의심을 받지 않기 위해 자신의 본모습을 숨긴 채 '타인의 삶'을 살아가고, 투철한 애국심의 비밀경찰 비즐러 또한 국가의 명을 받아 자신의 의도와는 무관하게 역시 남의 사생활을 감시 도청하면서 '타인의 삶'을 살아간다.

드라이만의 연인 크리스타는 장관이라는 지위가 상징하는 하나의 커다란 권력 앞에 몸을 내맡긴다. 크리스타가 슬픔의 눈물을 흘리는 것을 지켜보던 비즐러는 그녀에게 연민의 정을 느낀다. 그러던 중 비즐러는 드라이만이 피아노로 연주하는 '선한 이들의 소나타'를 들으면서 감동의 눈물을 흘린다. 그러고는 점차 이 연인들의 삶 속에 함께 녹아들어가며 공감하기 시작한다.

영화는, 예술의 힘은 찔러도 피 한 방울 나지 않을 것 같은 냉혈 인간의 마음도 녹일 수 있다는 것을 여지없이 보여준다. 독일인의 예술에 대한 자부심이 느껴지는 대목이기도 하다. 드라이만은 자신의 비밀을 알고도 목숨을 살려준 동독 비밀경찰 비즐러에게 고맙다는 말 대신 2년 뒤 자신이 출간한 책에 비즐러를 위한 헌정의 메시지를 남긴다.

HGW XX/7

gewidmet,

in Dankbarkeit.

'감사하는 마음으로, HGW XX/7에게 이 책을 바칩니다.'

HGW XX/7은 비밀경찰 비즐러의 코드명이다. 비즐러가 서점에서 이 책을 사자 점원이 물었다.

"선물하실 건가요?"

"아뇨, 나를 위한 겁니다."

'타인의 삶'을 살아야 했던 비즐러는 자신이 사는 책이 나를 위한 것이라는 짧은 말을 남긴 채 관객들에게 긴 여운을 선사한다.

시대는 다르지만, 우리도 인생을 살면서 자신의 삶이 아닌 타인의 삶을 살고 있는 순간이 있을 것이다. 아니, 그것이 한순간이 아닌 인생의 대부분인 경우가 더 많을지도 모른다. 자신조차 타인의 삶에 깊이 관여했던, 자신이 아닌 타인의 삶을 살았던 비즐러가 자신을 위한 진정한 삶을 뒤늦게 찾아가는 것처럼, 우리는 각자 자신에게 좀 더 충실해지는 삶을 향해 현재를 살고 있는 것 아닐까?

시대를 초월하여 영혼을 울리는 명작들을 탄생시키며 20세기 가장 위대한 작가로 평가받는 프랑스의 대문호 생텍쥐페리는 말했다.

"자기 자신을 사랑하는 사람만이 타인도 사랑할 수 있다."

우리는 어쩔 수 없이 주변 환경에 맞춰가는 삶을 산다. 버겁도록 바쁜 삶을 살아가기에 나의 본모습을 생각하고 찾을 겨를이 없다. 이제는 타인의 삶에서 나의 삶을 찾을 차례이다. 그러기 위해 필요한 것은 '나 혼자 있는 시간'을 갖는 일이다. 사람들에게 늘 둘러싸여 있는 삶 속에서는 나를 찾아 사랑하기가 힘들다.

• The reason why I'm happy for being alone •

혼자 밥 먹을 때 떠오르는 얼굴

∶

많은 사람이 혼자가 아니라고 느낄 때 안심한다.

혼자 밥 먹는 게 익숙해지기 전에는 같이했으면 하고 떠오르는 얼굴이 있었다. 그땐 몰랐는데 지금 생각하면 같이 있어준 것만으로도 고맙다는 생각이 든다. 사람들은 우등고속의 1인석을 선호하면서도 단체여행에서 혼자 앉아 가는 건 두려워한다. 목적지의 길을 찾다가 잘못 들었을 때, 자신처럼 길을 착각한 사람이 단 한 사람이라도 있다면 그걸로 안심한다. 어떤 일을 하다가 실수를 했을 때 나는 비정상인이 되지만, 남들도 똑같은 실수를 하면 나는 다시 정상인으로 돌아온다. 비 한두 방울 떨어져서 우산을 폈는데 주위에 아무도 우산을 펴지 않았을 때 순간 내가 너무 과잉 반응을 한 건 아닌지 은근히 불안해한다.

그러다가 우산을 들고 가는 사람을 발견하면 반가운 마음에 접으려던 우산을 더 꼿꼿이 세워 당당히 걸어간다.

왜 사람은 자기가 처음 직감한 바를 확신하지 못한 채 일단 남의 눈치를 보는 것일까? 왜 나와 같은 사람이 있어야 안심이 되는 것일까? 일면 자신 없는 행동처럼 보일 수 있겠지만 역설적으로 그 밑바닥에는 나의 자존감이 자리하고 있다. 나라는 사람은 그렇게 어설프거나 잘못된 생각과 이상한 행동을 하지 않을 거라는 자기 믿음이자 바람이다. 그 믿음을 한 번 더 객관적으로 확인받고 싶은 것이다.

사람은 누군가와 같이 있을 때 더 잘 웃는다. 자신은 이해하지 못하지만 옆 사람이 웃으니까 덩달아 웃는 전염성 웃음, 어색한 관계에 딱히 뭐라 할 말이 없을 때 의미 없이 짓는 미소, 원만한 관계를 위해 그냥 웃어주는 예의상의 웃음, 상대에게 잘 보이기 위해 아첨하는 위선의 웃음 등등 그 웃음의 형태는 다양하다.

그렇다면 어떤 때에 진정한 웃음이 나올까? 그것은 혼자 있을 때 웃는 웃음이다. 아무도 봐줄 사람 없고 누구를 위할 필요도 없는 혼자인 상황에서 웃는다는 것은 정말로 웃긴 일이 벌어진 것이다.

혼자 있는 시간이 자신의 진심을 끄집어낼 기회를 만든다. 그런 기회를 자주 접해야 자신이 무엇을 원하는지, 어떤 상황을 재미있어 하고, 어떤 것에 관심이 있는지 제대로 알 수 있다.

가장 아름다운 순간

:
·

나는 계절 중에서 가을을 가장 좋아한다. 가을은 숲 속의 나무들을 울긋불긋 물들이며 겨울이 오기까지 최고의 풍광을 선사한다. 자연은 사람에게 와서 보라고 강요하는 법이 없다. 오직 자기 할 일만 할 뿐이다. 사람이 가장 아름답게 보이는 순간도 혼자 자신의 일에 몰두하고 있을 때다. 자연을 닮으면 자연처럼 아름다워진다.

다섯 살짜리 내 딸아이는 엄마 아빠 곁에서 종알종알대며 지내기 일쑤다. 종종 잠잠할 때가 있는데, 그때는 완전히 몰입하여 혼자 인형들을 데리고 놀 때이다. 그런 모습을 보고 있으면 미소가 절로 입에 걸린다.

무엇인가에 몰입하는 것만큼 삶을 충만하게 하는 것도 없다. 그 몰입은 여러 사람이 있을 때보다는 확실히 혼자일 때 더 잘된다. 대작은 대개 혼자 있을 때 탄생한다. 혼자라는 상황이 몰입을 온전히 가능하게 만들기 때문이다. 음악, 미술 등의 예술 분야에서 특히 더 그렇다. 베토벤의 운명, 쇼팽의 녹턴, 피카소의 알제의 연인들, 모딜리아니의 나부, 베르디의 축배의 노래, 비제의 카르멘 서곡 등 이루 헤아릴 수 없는 대작들은 모두 혼자 있는 시간에 몰입을 통해 탄생했다.

퇴근할 남편을 기다리며 혼자 열심히 저녁을 준비하는 아내, 학원에서 배웠던 곡을 열심히 혼자 연습하는 딸, 자격증을 따기 위해 혼자 방에서 열심히 시험공부를 하는 아들의 모습만큼 아름다운 게 있을까? 크고 작은 삶의 의미를 찾기 위해 혼자 애쓰고, 혼자 집중하는 모습은 언제 보아도 감동적이다.

예부터 달을 소재로 한 이야기, 시, 노래는 많아도 별을 소재로 한 것은 그리 많지 않은 것 같다. 달은 오직 하나지만 별은 셀 수 없이 많다. 그 때문인지 달은 사랑하는 임을 상징하는 경우가 많다. 혼자 지내기 쓸쓸한 밤엔 밤하늘에 떠오른 달을 보며 임을 떠올리고, 고향을 떠올리고, 가족을 떠올린다. 달은 태양처럼 혼자 뜨고 혼자 진다. 낮이 하나뿐인 태양의 세계라면 밤은 하나뿐인 달의 세계다.

한번은 이런 일이 있었다. 아내와 딸아이가 한 주간 집에 머물다가 광주로 돌아가는 길이었다. 거의 처가댁에 다다를 무렵 잠에서 깨어난 딸아이가 난데없이 울면서 이렇게 말했다.

"엄마, 저 달이 아빠 같아요."

잠시 후 먹구름이 달을 가리자 아이는 더 크게 울었다.

그 얘기를 아내에게 전해 듣는 순간 가슴이 저려왔다. 한편으로는 어떻게 가르쳐주지 않았는데도 사람을 달로 비유하는지 신기했다.

유일하게 세상에 존재하는 것들은 사람의 감성과 몰입을 이끌어내는 영감을 가지고 있는 것 같다. 많은 별은 늘 모양이 똑같지만, 하나뿐인 달은 다양한 모습을 가지고 있다. 그 때문에 달을 자주 떠올리는 것일까.

그런데 우리가 보는 달의 모습은 늘 한쪽 면이다. 지구 안에서는 달의 반대쪽 모습을 볼 수 없다. 오직 달 스스로만이 자신의 모습을 온전히 알고 있다.

달이 아름답고 소중한 건, 혼자서 변함없이 밤하늘을 비추기 때문이다. 자연이든 사람이든 혼자 자신의 일에 몰두해 있는 진실된 순간만큼 아름다운 것은 없다.

• The reason why I'm happy for being alone •

꿈은 나의 발견에서부터

흔히 꿈을 크게 가지라고 말한다. 누구나 그렇게 듣고 그렇게 생각해왔다. 물론 처음부터 큰 꿈을 가지고 대성한 사람도 있다. 그래서 모두가 그 인물처럼 꿈을 크게 가지라고 말하는 것일 터이다. 위인은 성공 모델이 되게 마련이다. 하지만 저마다 자신의 스타일과 현실을 무시한 채 위인처럼 큰 꿈을 가진다고 하여 그 꿈을 이룬다는 보장은 없다. 꿈을 키워 이루어내는 결과만큼이나 그 과정 역시 중요하다. 처음부터 너무 거창하게 꾸는 꿈은 중도 포기의 위험성이 있다. 현실성을 무시한 채 의욕만 앞세우다 보면 현실과 이상의 격차를 발견하는 순간 더 큰 실망감과 좌절감에 빠질 수 있는 것이다.

나는 그림을 좋아한다. 그 '좋아한다'는 것도 원래 보고 감상하는 게 좋은 거였지, 직접 그리는 일을 좋아했던 것은 아니었다. 인물은 아예 묘사조차도 못했다. 그런데 글을 쓰다 보니 자연스럽게 그림을 같이 하면 좋겠다는 '필요성'이 생겼고 그렇게 그림을 시작했다. 실제로 해보니 그림이 그려지는 것 자체가 신기했다. 조금씩 자신감이 붙었다.

물론 전문가가 보기에 썩 잘 그리는 건 아닐 거다. 하지만 나도 그림을 그릴 수 있다는 사실이 소소한 만족감을 주었다.

이렇게 꾸준히 그리다 보면 개인 전시회를 열 날이 올 것이다. 없던 꿈이 생기는 것이다. 그 꿈은 처음부터 목표를 세우듯 정해놓은 게 아니고 일말의 가능성을 확인하면서부터 생긴다.

처음엔 단지 호기심 또는 관심을 가지고 10미터 거리에서 바라보다가 시간이 지나면서 더 가까이서 보고 싶은 욕망이 생기는 것이다. 직접 해보고 싶고 건드려보고 싶은 그런 욕망 말이다. 그러다 발동이 걸리면 정말 그 일이 좋아졌다는 증거다. 그러면서 내 인생의 또 다른 꿈이 서서히 도드라지는 것이다.

전시회를 꼭 미술관에서 하란 법은 없다. 카페에서도, 대합실에서도, 도서관 계단 벽에서도, 집에 마당이 있다면 마당에서도, 지하철역 대합실 벽에서도 할 수 있다. 그렇게 시작하는 거다. 그래서 꿈이라는 것은 눈덩이처럼 굴리는 재미로 하는 것이다. 처음부터 너무 거창한 목표점을 찍은 채 앞만 보고 달려간다면 인생이 너무 갑갑하지 않을까? 만일, 현재 매월 저축 여력이 100만 원도 안 되는데 10억을 저축

한다는 꿈을 갖는다면 하루하루가 얼마나 고달프고 자괴감이 들까?

어느 정도 현실감을 반영하되, 적절히 상향할 수 있는 수준에서 그 꿈을 그려야 한다. 적정선은 본인이 감당할 수 있을 만큼이다. 그래야 하루하루가 희망이 있고 만족이 생긴다.

그래서 개인의 꿈은 아이러니하게도 낮게 설정할수록 좋을 수 있다. 그래야 도달 가능성이 크고 만족감이 비집고 들어갈 여지가 생긴다. 일단 한 번 작은 성취감을 맛보면 주위에서 아무리 말리더라도 스스로 알아서 꿈이 업그레이드된다.

그런데 처음부터 너무 높은 꿈을 잡으면 그만큼 성공 가능성은 멀어지므로 인고의 세월과 답답함이 지속될 가능성이 크다. 그보단 작게 시작해서 그 꿈을 키워가는 게 정신건강에도 좋고 실현 가능성 또한 높일 수 있다. 좋아하거나 관심이 가는 일이 있다면 머릿속에서만 할까 말까 망설이지 말고 일단 시작해보라.

진정한 꿈은 나 자신의 발견에서부터 시작된다. '나'를 발견하지도 않은 채 막연한 꿈을 품기 때문에 그 꿈은 이상 혹은 몽상이 되어버리는 것이다. 그 '나'는 다른 사람이 발견해줄 수도 있다. 나의 끼와 재능을 다른 사람이 먼저 알아볼 수도 있다. 하지만 '나'를 가장 잘 아는 것은 친구도, 동료도, 가족도 아닌 바로 나 자신이다. 나의 모든 모습, 나의 모든 생각을 타인은 정확히 알지 못한다. 그들이 안다고 하는 나의 모습은 내가 보이려고 만들어낸 좋은 단면일 수 있고, 의도적으로 꾸

• The reason why I'm happy for being alone •

며낸 가식의 모습일 수도 있다.

나를 가장 잘 아는 것은 나 자신이다. 내 안에 숨겨진 다양한 모습을 하나씩 불러내어 자문해보라. 어떤 것이 나의 진짜 모습인지, 어떤 것이 나의 가짜 모습인지……. 내면의 나는 끊임없이 밖으로 나오길 갈구한다. 외면의 내가 깨워주기를 고대한다. 그런 내면의 내가 발견되는 순간부터 진짜 나의 꿈이 시작된다.

지금까지 나의 꿈의 시작을 아버지, 어머니, 선생님, 동료, 연예인, 유명인이 제시한 길을 통했다면, 이제부터는 나를 발견한 내가 주인이 되어 주체적으로 나만의 길을 가보자.

꿈은 나중에 가져도 좋다. 눈사람을 만들 것을 생각해서 눈송이를 모을 수도 있지만, 눈을 모으다 보면 멋진 눈사람을 만들어보고 싶은 꿈이 생길 수도 있다. 눈을 모르는 사람이 어떻게 눈사람 만들 꿈을 꿀 수 있겠는가? 내 안의 잠자고 있는 나를 발견하는 순간 없던 꿈이 생기고 가슴은 벅차오를 것이다. 좋아하는 눈이 내리면 밖에 나가서 눈부터 맞아보자.

두 가지의 길

길은 두 가지다. 남들이 이미 만들어놓은 잘 닦여진 길과 아직 아무도 내지 않은 길이 그것이다. 우리 눈에 보이는 길은 이미 만들어진 길이다.

사실, 세상에는 눈에 보이는 것보다 눈에 보이지 않는 것이 훨씬 많이 존재한다. 눈에 보이지 않는다 하여 존재하지 않는 것은 아니다. 그러나 사람들은 눈에 보이는 것을 믿는다.

삶의 진정한 즐거움은 눈에 보이는 것보다 눈에 보이지 않는 것을 하나하나 알아갈 때 생긴다. 세상에는 이미 그런 기쁨을 느낄 무수히 많은 기회가 있다. 다만 그 기회를 모를 뿐이다.

사람들은 남들이 가지 않은 미개척의 길보다 많은 이가 이미 다니는 길을 선호한다. 주말 데이트를 앞두고 오랜만에 쇼핑하면서 최신 유행의 좀 파격적인 옷이 순간 마음에 들어 과감히 집어 든다. 그런데 막상 집을 나서기 전에 거울을 보며 한참을 망설인다.

'그가 나를 어떻게 생각할까? 외모에 너무 신경 쓰는 가벼운 사람으로 생각하면 어쩌지? 그래, 무난한 게 낫겠다.'

결국 입고 싶었던 옷은 옷장에 고이 모셔둔 채 평소대로 무난한 옷을 입고 외출한다.

신제품을 기획하면서 디자인 회의를 한다. 여기저기서 전에 없던 파격적인 디자인을 제안한다. 개중에는 참 신선한 아이디어도 있다. 하지만 최종 선택은 역시 가장 무난한 디자인이 낙점된다.

왜 처음엔 모험적인 생각을 하다가도 끝에 가서는 모험을 포기하는 걸까? 파격은 아직까지 한 번도 시도해보지 않은 것이다. 그래서 사람들의 반응을 예상하기가 어렵다. 그런데 그 예상이라는 것은 둘 중 하나다. 아주 잘되거나 아주 안 되거나! 그러다 보니 대부분은 손해를 크게 보지 않는 쪽으로 배팅한다. 처음의 공격적인 태도는 방어적 태도로 귀결된다. 그렇게 해야 최소한 중간은 간다고 생각한다. 하지만 누군가는 파격을 선택한다. 물론 실패도 하겠지만 그런 가운데 스타 상품이 탄생한다. 무난함을 택했던 나머지 사람들은 생각한다.

'반짝 하다가 말겠지.'

그런데 의외로 꽤 오래간다. 계속 주시하고 있다가 시장의 변화 조짐을 감지한 뒤 그제야 뒤늦게 추격을 시작한다. 선두주자와 비슷한 콘셉트로 말이다. 하지만 대중 눈에는 더 이상 신선함으로 다가오지 않는다. 그저 복제한 것일 뿐이다.

삶의 아이러니는 모험을 시도하지 않으면서 대박을 바라는 데 있다. 대개 모험은 혼자 시작한다.

오늘날 삼성전자는 세계 상위 1%에 해당하는 글로벌기업으로 성장했지만 그룹의 전신을 이끌었던 이병철 회장은 나 홀로 1983년 동경 선언을 통해 반도체사업을 추진했다. 당시 모든 이가 반대했다. 1965년 영국의 디자이너 메리퀀트는 사회적 편견과 비난을 무릅쓰고 최초로 미니스커트를 선보였다. 하지만 풍속을 해친다며 사회적 비난이 쏟아졌다. 땅을 덮는 긴 치마로부터 여성의 다리를 무릎 아래로 해방시킨 혁신의 아이콘 샤넬조차도 미니스커트는 보기 흉측하다며 반감을 표했다. 그러나 대중은 미니스커트에 열광했고 영국 여왕은 수출 공로를 인정하여 그녀에게 훈장까지 수여했다.

처음부터 잘 만들어진 길이란 없다. 남들이 잘 닦아놓은 길이 나에게 맞을 수도 있지만 그렇지 않을 수도 있다. 그럴 경우에는 과감히 혼자 나만의 길을 만들어보자. 세상에는 이미 길이란 길은 다 나 있는 것 같지만, 그 어딘가에는 아무도 가지 않은 화이트스페이스(White Space)

가 반드시 존재한다.

　남과 다른 나만의 길을 누구나 마음만 먹는다면 낼 수 있다. 처음엔 혼자만 다니는 그 길이 언젠가는 수많은 이가 따르는 대로가 될 것이다.

• The reason why I'm happy for being alone •

남녀의 '혼자 대처법'

아직 1인용 좌석이 설치된 기차는 없지만, 1인 가구가 증가하는 현추세대로라면 향후 1인용 좌석이 설치된 열차 칸도 생길 것이다. 학창시절이 끝나면 기쁨과 슬픔을 함께 나누었던 친구들 모두가 각자 자신의 삶을 찾아 뿔뿔이 흩어진다. 어떻게 사회생활을 시작해야 할지막막하다. 친구들과 지낼 때는 경제 이야기만 빼고 얘기했는데, 직장에서는 그 경제 이야기가 주를 이룬다. 가끔 연예, 취미 등 비경제적인이야기도 하지만 깊이는 얕다. 학창 시절에 나누었던 이야기는 밤을지새울 만큼 깊었건만……

지레 겁부터 먹었던 사회생활은 그런대로 해볼 만하다는 걸 알게 된다. 학창 시절엔 항상 친구들과 밥을 먹었지만, 학교를 졸업하고 직업을 구하는 동안 혼자서 밥을 먹고 혼자서 카페에 간다. 혼자서 하는 것에 점점 두려움이 없어지는 것이다. 처음엔 눈치가 보였지만 점점 습관이 되어간다. 나중엔 혼자가 더 익숙해지기까지 한다.

원래 혼자 하기는 남자아이들의 주특기였다. 어릴 적 50원짜리 동전 하나만 있으면 오락실에서 게임을 하며 혼자 즐길 수 있었다. 그러나 여자아이들은 다르다. 여자아이들은 컴퓨터 게임보다는 고무줄놀이처럼 함께하는 걸 더 선호한다. 여자아이들은 인형놀이나 소꿉놀이를 좋아하는데, 여기에 특이한 점이 있다. 분명 혼자 인형을 가지고 노는 것 같은데 가만히 보면 인형을 의인화시키고는 아이는 끊임없이 말을 건다. 이처럼 여자아이들은 혼자 노는 것 같지만 물체에 생명을 부여해서라도 함께 논다.

여자아이가 관계 지향적인 것은 아빠랑 놀 때 더 확연히 드러난다. 남자아이의 경우는 장난감을 쥐어주면 대체로 스스로 잘 논다. 하지만 여자아이에게는 장난감을 쥐어줘도 항상 아빠가 어떤 식으로든 역할을 해줘야 한다. 남자아이는 놀이 도구에 만족하는 반면, 여자아이는 놀이 도구를 다루는 아빠에게 더 관심을 둔다. 남자아이들은 로봇 장난감에게 좀처럼 말을 거는 법이 없다. 단지 가끔 "슉슉", "날아라" 하는 정도일 뿐이다. 이는 성인이 된 남성과 여성에게 그대로 이어진다. 남자는 혼자 있는 것을 대수롭지 않게 여기지만, 여자는 혼자 있는 것을 잘 못 참아낸다. 여자가 하루에 말을 해야 하는 단어가 수천 가지라고 했던가.

　여자가 관계형 인간이라면, 남자는 독립형 인간이라고 할 수 있다. 남성들은 문제가 생기면 누구의 도움을 얻는 것보다 스스로 해결하려고 한다. 그러다 보니 여성들보다 문제 해결에 대한 압박감을 더 받는다. 반면, 여성은 애초에 성취를 목적으로 하지 않기 때문에 쉽게 남에게 도움을 요청한다. 어려운 문제가 발생하면 주위에 일단 퍼트려놓고 동시에 해결책을 시도한다.

　여성의 애완동물로 강아지가 사랑받는 이유는 개가 여성의 성향과 비슷한 점이 있기 때문이다. 고기를 끈에 묶어서 철창 안에 놓은 뒤 개를 풀어놓으면 끈을 잡아당겨서 먹이를 금방 먹는다. 2단계로, 이번엔 고기를 끈에 묶되 그 끈을 단단히 고정시킨 채 철창 안에 놓으면 개는 처음과 같은 방법으로 잡아당기기를 시도한다. 그러나 이내 고정된 고기는 움직이지 않아 먹을 수 없다는 걸 깨닫는다. 이쯤 되면, 개는 같은 상황에서 어떻게든 혼자 힘으로 해결하려는 늑대와 다른 해결 방법을 찾는다. 주인에게 다가가 도움을 요청하는 애처로운 눈길을 보내는 것이다.

• The reason why I'm happy for being alone •

혼자의 양면성

혼자 있을 때 좋은 점은 무엇일까? 누구 하나 눈치 보지 않아도 되고, 간섭받지 않는 가운데 자유로움이 있다. 혼자 있는 시간만큼은 나자신에게 솔직해질 수 있다. 원초적 맨 얼굴인 '생얼'로 있어도 아무거리낌이 없다. 마음 내키는 대로 TV 채널을 이리저리 돌릴 수 있고먹고 싶은 것만 골라 먹을 수도 있다. 남의 시선을 의식하지 않은 채양껏 공깃밥을 싹싹 해치울 수 있고, 성격 급한 상사의 밥 먹는 속도를따라가느라 허겁지겁 숟가락질을 할 필요도 없다. 혼자 있으면 좋은게 어디 이것뿐이랴? 기분 전환할 때는 쇼핑만 한 것이 없다. 하지만남자 친구와 같이 쇼핑을 하면 되레 스트레스를 받기 십상이다. 금세지루해하며 눈길을 보내는 남자 친구가 편할 리 없다. 그럴 땐 차라리 혼자 쇼핑하는 게 훨씬 속 편하다.

그렇다면 혼자 있을 때 나쁜 점은 무엇일까? 이는 특히 여성에게 더 해당될 것 같다. 어쩌다 한밤중에 전등이라도 나가면 그것처럼 난감한 일도 없다. 둘이 먹으면 좋을 통닭을 혼자 먹자면 그 또한 부담스럽다. 파김치가 되어 귀가한 저녁, 엄마가 있다면 금세 한상 차림으로 허기를 채우겠지만, 혼자 사는 몸으로 냉장고에서 매일 똑같은 밑반찬을 꺼내 먹는 것도 이젠 질릴 터! 요즘 뜨는 레시피대로 뭔가 직접 만들어 먹는 것도 좋겠지만 마냥 귀찮기만 하다.

혼자 사는 여자의 집이라 방범 보안에 각별히 신경 써야 하고, 다달이 날아오는 관리비, 월세, 통신요금, 세탁요금, TV 수신료 같은 각종 공과금에 카드 청구서까지 더하면 매번 누적되는 마이너스 인생이다. '부모님과 같이 살았을 때가 좋았지' 하는 생각에 청승을 떨기도 한다. 이렇게 혼자 사는 대가는 달콤 쌉싸름하다.

사실, 혼자 있게 되는 것은 본인의 뜻에 따른다거나 원해서라기보다는 어쩔 수 없는 경우가 대부분이다. 외로움을 달래기 위해 애완견을 두는 것만이 정답은 아니다. 하루 종일 집을 비운 동안 혼자 남아 있는 강아지는 또 얼마나 외로울까. 혼자 서는 용기, 혼자 설 수 있다는 믿음이 필요하다.

"고독을 자처한 사람은 영웅일 가능성이 크다."

최진석 서강대학교 철학과 교수의 말이다. 어차피 혼자 놓일 상황이라면 혼자인 상황을 즐기는 게 어떨까? 제발 혼자 있는 시간을 좀 가졌으면 좋겠다는 사람이 상당히 많다. 불가피하게 혼자 시간을 보내야 한다면 차라리 긍정적 측면으로 마음을 기울여보자. 부정적인 사람은 밝은 햇볕을 비춰도 그늘을 생각한다. 그러나 긍정적인 사람은 어두운 밤에도 마음의 촛불을 켠다.

혼자의 시간이 균형 있는 삶을 만든다

혼자 있으면 외로움에 누군가와 같이 있고 싶고, 또 누군가와 오랫동안 같이 있으면 다시 혼자가 되고 싶을 때가 있다. 무더운 여름에는 냉기를 찾고, 추운 겨울에는 온기를 찾는다. 한쪽의 문이 닫히면 그 반대쪽 문이 열린다. 자의일 수도 있고 타의일 수도 있다. 각자 다른 길을 가지만 크게 보면 균형점을 향하고 있다.

인간은 무의식적으로 생체리듬의 조절을 통해 삶의 균형을 지향한다. 일이 버거우면 우리 몸은 피로도를 높여 쉬고 싶은 기분이 들게 한다. 하루 종일 사람들에게 치이면 에너지를 소진시켜 혼자 있고 싶은 기분이 들게 한다. 혼자 있고 싶다는 생각이 자주 든다면, 현재의 삶은 타인에게 무개중심이 쏠린 삶에 가까울 것이다. 누군가와 함께 있고 싫다는 생각이 자주 든다면, 혼자의 시간을 의미 있게 보내는 방법을 못 찾았거나 진짜 삶의 균형을 맞추라는 몸의 신호이다.

혼자 있다고 외로운 건 아니다. 혼자 있지 못해서 외로운 것이다. 혼자 할 용기가 없는 자신이 외로운 거다. 혼자 가면 빠르고 같이 가면 멀리 간다는 말이 있지만, 반드시 그런 것은 아니다. 누군가와 산행을 같이하면 풀벌레, 흙 한 줌, 나뭇가지 사이로 비치는 한 뼘의 따스한 햇볕 같은 것들을 외면한 채 그저 정상을 향해 발걸음을 재촉해야 한다. 혼자 천천히 거니는 산행을 하면 나무들 사이로 쏟아지는 햇발, 숲이 뿜는 진한 향기, 숲에 펼쳐진 여러 생태를 마음 가는 대로 찬찬히 음미할 수 있어서 좋다. 굳이 정상에 오르지 않아도 상관없다. 그냥 산 자체가 좋은 것이지, 목표를 정하고 나를 단련시키는 산행일 필요도 없다. 그러다 보니 동행자와 함께하는 산행이 두 시간 걸린다면 단독 산행은 네 시간이 걸린다. 하지만 길게 보면 천천히 가는 것이 인생을 더 크고 더욱 멀리 볼 수 있는 안목과 깨달음을 준다.

소나무는 스스로를 치유하는 능력이 있다. 송진은 항알레르기, 항소염, 세포 재생, 방부, 항산화 효과가 있는 신비의 자연물이다. 소나무는 상처가 나면 송진을 흘려 2차 세균 감염을 막고 상처를 아물게 한다. 사람 역시 스스로 치유하는 능력을 이미 보유하고 있는데, 바로 면역력이다. 스스로 치유하지 못하면 병원과 처방약에 의지해야 한다. 약을 먹으면 빨리 나을 수는 있겠지만 문제는 그것이 완전한 처방이 아니라는 것이다. 항생제를 먹기 시작하면 몸 안에 내성이 생기는데, 병이 다시 도졌을 때 더 센 약을 투여해야만 그 병을 다스릴 수 있다. 계속 약에 의존해야 하는 상황이 반복되는 것이다. 나는 8년 전부터 감기 증상이 있더라도 약을 안 먹기 시작했다. 그 후로는 감기 증상이 잠시 왔다가도 며칠 지나면 알아서 물러간다. 몸 안에서 자연 치유가 알아서 자동으로 이뤄지는 것이다.

현대인은 일상적으로 스트레스를 받는다. 대부분의 스트레스는 사람과의 관계에서 비롯된다. 스트레스는 면역력을 떨어뜨려 삶의 균형을 흐트려놓는다. 그렇다면 스트레스는 어떻게 대처해야 할까? 신생아에게서 그 비법을 찾을 수 있을 것 같다. 엄마의 뱃속에서 탯줄을 통해 산소를 공급받던 신생아는 세상 밖으로 나오면서 극심한 환경의 변화를 겪는다. 난생처음 코와 입으로 숨을 쉬어야 하는 것이다. 그래서 모든 신생아는 태어날 때 얼굴이 시뻘게질 정도로 오래도록 울음을 터뜨린다. 뱃속에서 수동적으로 영양과 산소를 공급받던 편한 시절은 지나가고 이제 스스로 숨을 쉬어야 한다. 신생아로선 엄청난 스트레스가 아닐 수 없다. 하루 이틀은 젖도 잘 먹지 못해 피부가 쭈글쭈글해지며 몸무게도 일시적으로 빠진다. 그런데 신기하게도 잠을 자며 쉬는 동안 신생아의 흥분 상태는 점차 안정적으로 바뀌고 긴장은 완화된다. 그러면 비로소 신생아는 젖을 먹고 살이 오른다.

신생아는 열 달 동안 탯줄이라는 끈끈한 줄을 통해 생명을 보장받는 의존적 관계로 지낸다. 그러다 새로운 세상을 살아가기 위해 그 생명의 줄을 끊고 독립된 인간이 되려는 준비를 한다. 엄마와 연결되어 있는 생명의 줄을 끊어야만 세상 밖으로 나와 홀로 설 수 있다. 막 홀로 서기의 준비를 끝낸 신생아에게 필요한 건 하루 이틀 혼자만의 시간을 갖고 편히 휴식을 취하는 것이다. 엄마는 그저 아이를 잘 관찰해주면 된다.

우리는 타인과 관계를 맺지 않고는 살아갈 수 없다. 문제는 관계로 인한 스트레스인데, 실상 스트레스로부터 완전히 자유로울 수 없다면 잘 회복하는 게 중요하다. 그 방법 중 하나가 혼자 있는 시간이다. 신생아가 생명을 잇게 해준 탯줄을 끊고 잠시 극도의 스트레스를 받은 후 혼자서 회복하는 시간을 갖고 새로운 세상을 맞이하듯이, 생존을 잇게 해주는 지금의 관계를 잠시 떠나 관계에서 비롯되는 긴장과 갈등 그리고 스트레스들이 잘 빠져나갈 수 있도록 혼자서 충분히 휴식을 취하는 것이다.

관계를 맺는 것과 관계에서 해방되는 것의 적절한 조화가 이뤄질 때 균형 있는 삶을 살 수 있다. 우리 대부분은 관계를 맺는 연속이 끊이질 않아서 한쪽으로 치우친 불균형의 삶을 살아가고 있다. 이제 다시 균형을 맞춰보자. 한쪽으로 치우친 수평 저울의 반대쪽에 혼자라는 무게의 추를 놓아 삶의 균형점을 회복하자.

• The reason why I'm happy for being alone •

나의 생각

우리말은 '나'가 주어일 경우 문장에서 흔히 생략되지만, 영어에서는 'I'가 항상 따라붙는다. 이것이 영미권에서 '나' 중심의 문화가 낯설지 않은 이유다. 반면, 우리는 '나'를 앞세우는 게 미덕이 아님을 어려서부터 교육받는다. 나의 생각보다는 남의 생각에, 나의 말보다는 타인의 말에 더 귀를 기울인다. 물론 타인의 생각을 경청하는 것은 중요하나, 결정적으로 나의 의견이 없는 것이 문제다.

학교에서 수업을 마치고 돌아오는 자녀에게 부모가 묻는다.

"오늘 선생님께 뭐 배웠어?"

이 말에는 은연중에 주입식 교육의 현실이 담겨 있다. 이보다는 이렇게 질문해보면 어떨까?

"오늘 뭘 깨달았어?"

이 두 질문 간 차이는 크다. 전자는 선생님이 자녀에게 무엇을 전달했느냐가 중심이라면, 후자는 선생님으로부터 얻은 지식을 통해 자녀가 무엇을 생각하고 어떻게 받아들였느냐가 중심이다.

2012~2013년 연속으로 세계에서 가장 행복한 나라로 선정된 덴마크는 무엇보다 교육에 대한 철학이 남다르다. 학교는 선생님이 학생에게 지식을 가르쳐주는 곳이 아니라, 어떻게 인생을 살 것인지를 학생 스스로가 찾는 곳이라고 생각한다. 학교는 단순히 연대기와 역사적 사실들을 얼마나 잘 외우는지 암기력을 평가하지 않는다. 관점과 해석에 따라 달라질 수 있는 역사는 사실을 주입시키기보다는 만약 자신이 그 상황에 놓인다면 무엇을 어떻게 했을 것인지와 그 이유를 말할 수 있어야 함을 중요하게 생각한다. 선생님은 지식 전달자가 아니라 학생 스스로 생각하고 주도적으로 커가도록 안내하는 인생 멘토에 가깝다.

이러한 덴마크의 교육 문화는 학생들에게 자존감을 심어주고 좀 더 빨리 자각할 수 있게 해준다. 일찌감치 자신의 적성을 파악한 덴마크 학생들은 30퍼센트 정도만이 대학에 진학할 뿐 나머지는 자신이 직접 선택한 독자의 길을 걸어간다.

한 선진국의 시험 시간에는 아예 시험 감독이 없거나 있더라도 적극적으로 감독을 하지 않는다. 학생들이 커닝을 할 것 같지만 실제로 반칙하는 학생은 거의 없다. 게다가 오픈북이다. 그래서 학생들은 굳이 단순한 사실이나 지식을 외우지 않는다. 만약 커닝을 하다가 걸리면 학생이 비난을 받는 것이 아니고 커닝을 해서 문제를 풀 수준의 문제를 낸 출제자가 욕을 먹는다. 교재에는 이론과 학설 등이 빼곡히 적혀 있지만 없는 것이 하나 있다. 학생들의 생각이다. 시험 문제는 철저히 학생들의 생각을 묻는 문제로 이루어져 있다. 그래서 커닝 자체가 무의미하다.

1970년대 인기 TV 프로그램 중 학생들에게 퀴즈를 내어 제일 잘한 학생에게 장학금을 주는 프로그램이 있었다. 우승한 학생은 가문의 자랑이자 학교의 간판이 되었다. 40여 년이 흐른 지금도 여전히 학생 퀴즈 프로그램은 인기다. 한 가지 아쉬운 점은 창의력이 중요한 이 시대에서 여전히 단답형의 지식으로 테스트하고 있는 진행 방식의 문제이다. 예나 지금이나 누가 얼마나 지식을 많이 알고 암기를 잘하느냐로 실력자를 가늠한다. 차라리 동일한 하나의 주제나 소재를 놓고 과거 시험을 보던 조선 시대의 인재 선발 방식이 낫지 않을까?

나는 개인적으로 학생들이 얼마나 정확한 지식을 알고 있는지는 전혀 궁금하지 않다. 정말로 궁금한 것은 자신만의 생각이다. 동일한 주제를 놓고 어떤 시각으로 문제를 바라보는지가 궁금하다. 암기력과 이해력의 수준이 입학하는 학교의 수준을 결정하겠지만, 정작 돌아보니 내 삶의 질을 향상하는 데는 도움이 되지 않았다. 그보다는 나의 생각, 나의 관점, 나의 주관이 있어야 한다. 그것은 정답이 하나인 문제를 푸는 데 있지 않다. 다양한 가능성이 존재하고 다양한 시각으로 생각을 요하는 정답이 없는 문제를 푸는 데서 나올 수 있다. 그 안에서 나의 스타일이 만들어진다.

독백

•
•

"죽느냐, 사느냐 그것이 문제로다."

셰익스피어의 비극 『햄릿』에서 주인공 햄릿이 하는 독백(獨白)이다. 독백은 연극에서 등장인물이 혼자 하는 대사로, 주로 복잡한 심리상태를 묘사하기 위해 쓰인다.

16~17세기, 당시 로마는 프톨레마이오스에 의해 확립된 지구가 우주의 중심이라는 천동설을 진리로 생각했다. 그런데 폴란드의 천문학자 코페르니쿠스는 그에 정면으로 대치되는 지동설을 주장했다. 그의 이론이 담긴 책은 당시 막강한 권력을 차지하고 있던 로마 교황청에겐 이단이자 반역과도 같은 것이었으므로 금서로 지정되었다. 20세기 후반에 이르러서야 로마 교황청은 지동설을 공식으로 인정했다.

코페르니쿠스보다 한 세기 후에 태어난 이탈리아의 천문·물리·수학자였던 갈릴레오 갈릴레이는 그의 영향을 받아 역시 지동설을 신념으로 삼았는데, 절대 권력이나 다름없었던 로마 교황청에 의해 법정에 서게 되었고 위법성을 판결받기까지 했다. 갈릴레이는 다시는 이단적인 행위를 하지 않겠다고 판결을 받아들이며 거짓 맹세를 했다. 그때 그가 남긴 유명한 독백이 바로 "그래도 지구는 돈다"이다.

갈릴레이의 독백은 외면적으로는 힘의 권력 앞에 자신의 신념을 포기하고 무릎을 꿇었지만, 내면으론 여전히 자신의 신념을 끝까지 잃지 않았다. 만약 갈릴레이가 법정에서 끝까지 지동설의 정당함을 주장했더라면 그는 아마 바로 죽임을 당했을 것이다. 그는 진리와 생명 중 생명을 택했고, 목숨을 부지한 후에는 저술에 더욱 매진하며 본국과는 달리 자유로운 사상이 허용되었던 네덜란드에서 책을 냈다.

갈릴레이의 독백은 인간적이다. 거대한 권력 앞에서 생명을 보전하기 위해 자신의 이론을 굴욕적으로 부정했지만, 뒤돌아서서는 자신의 신념을 되뇌며 스스로를 다독였던 것이다. 신과 동격이었던 로마 교황청은 절대 권력인 반면, 갈릴레이는 무력하기 짝이 없는 한 인간에 불과했다. 하지만 결국 진리는 시간이 다소 걸릴 뿐 언젠가는 그 빛을 발하게 되어 있다.

만약 갈릴레이의 독백이 없었다면 그는 자신의 신념을 권력 앞에 내던진 한낱 나약한 학자로 치부되었을지도 모른다. 그런 의미에서 독백은 어느 누구의 강요나 압박도 영향을 미치지 않는 자신의 의지를 드러낼 최후의 보루다.

　흔히 이런 말을 한다.
　"앞에서 하지 못한 말, 뒤에서도 하지 마라."
　이 말은 반 정도만 맞는 것 같다. 물론 다른 사람을 험담할 목적으로 뒤에서 타인과 함께 자리에 없는 사람을 비난하는 것은 마땅하지 않다. 하지만 함께 있는 자리에서 하고 싶은 말을 하려 해도, 현실적으로 그것을 가로막는 신분·지위·기타 상황에 따른 장벽들이 쉽게 그 기회를 내주지 않는다. 그러니 뒤에서 말을 할 때는 혼자서 독백으로 풀면 어떨까? 지위와 신분과 권력이라는 장벽들이 내 삶을 지배하려 한다 할지라도 스스로에게만큼은 자신의 신념을 잃지 않는 주체적인 삶을 살고자 할 때 독백은 유용하다.

• The reason why I'm happy for being alone •

The reason why I'm happy for being alone

저 하늘 저 별을 향해서 가고 싶어 한 마리 새처럼 자유롭게 날아갈래
난 나를 지켜나갈 거야 난 자유를 원해

Chapter 6

혼자 설 수 있다는 믿음

나를 위해

너를 위한 길이야 라며
나를 너무 생각지 말아요
나를 위한 길이야 라며
당신의 길을 걸으면
저도 당신처럼 나를 위한 길을
걸으면 되니까요

당신 자신도 잘 챙기지 못하면서
나에게는 잘하는 당신
그럼 나도 나를 생각지 않고
당신에게 잘하면 될까요?

당신이 나를 위해 사는 것보다
당신 스스로를 위해 사는 것이
나는 더 좋아요
나를 가장 잘 아는 사람은
나이니까요
나를 가장 잘 이끌 수 있는 사람이
나이니까요

나만의 필터 장착하기

나는 아직도 이해 안 되는 것 중 하나가 독서량을 자랑하는 짓이다. 어떤 사람이 1년간 1만 권의 책을 읽고 득도했다고 치자. 1만 권이면 대략 하루에 30권인데, 엄청난 독서량인 것만은 사실이다. 하지만 그 정도의 독서가 가능하려면 그가 읽었던 책은 생각을 하지 않고도 읽힐 만한 수준의 내용이어야 한다. 하지만 아무리 가벼운 책이라도 생각을 요하지 않는 책이란 없다. 그 사람은 생각 없이 눈으로만 읽었거나 띄엄띄엄 권수 채우는 데에만 신경을 썼을 가능성이 크다.

독서를 좋아하는 나는 한때 내가 읽은 책의 목록을 엑셀로 정리하려고 한 적이 있다. 하지만 얼마 지나지 않아서 그만두었다. 정리하는 게 귀찮은 이유도 있었지만, 숫자를 관리하는 게 무슨 의미인가 싶어서

였다.

열 권의 책을 자기 생각 없이 읽는 것보다는 단 한 권의 책을 읽어도 곱씹으며 생각하는 것이 낫다. 독서가 의미를 가지려면 혼자서 소화하는 과정이 있어야 한다. 명강의는 말을 끊임없이 유창하게 해서 청중을 즐겁게 하는 것이 아니라, 중간중간 맥을 끊어서 수강생들이 생각할 여지를 주는 것이다.

자기 것으로 소화하는 과정이 없는 한 수백 번의 강의를 듣는다고 한들 남는 것은 없다. 그 소화 과정에서 필요한 것이 혼자 생각하기이다. 남의 생각을 나의 머릿속에 여과 없이 집어넣는 것은 단순 암기나 다름없다. 내 생각이라는 여과 없이 통과된 그런 기억은 시간이 지나면 잊힐 수밖에 없다. 우리 뇌는 자기 것으로 만들기 위해 스스로 고뇌하는 노력의 산물들만 받아들인다.

먼지를 흡입하는 청소기는 2중, 3중 필터를 거친다. 필터가 없는 청소기는 빨아들인 먼지를 그대로 밖으로 배출하여 대기 중 오염도만 가중시킬 뿐이다. 인풋의 양이 많다고 삶의 수준이 높아지는 것은 아니다. 삶의 질은 내 필터의 성능에 따라 좋을지 나쁠지 갈린다. 좋은 필터가 내장된 청소기가 비싼 값에 팔리듯, 나만의 것으로 걸러내는 좋은 필터를 가진 사람이 높은 가치를 드러낼 수 있다.

나만의 필터를 다시 설치하라. 내 머릿속에 생각이라는 필터를 다시 장착하라.

• The reason why I'm happy for being alone •

절대적 불변의 경쟁 상대

•

•

　육상 100미터 경주에서 선수들은 저마다 사력을 다해 뛴다. 똑같은 상황에서 관중이 있을 때와 없을 때의 선수들의 태도는 달라진다. 관중이 없을 때는 오로지 선수들 간의 자존심 대결에 집중이 되지만, 관중이 가득 찰 경우에는 자신이 돋보여 수많은 관중으로부터 환대를 받고 싶은 영웅심이 발동된다. 남을 의식하게 되는 순간 어깨에 긴장은 더해지고, 게임의 결과에 따라 무거운 압박을 받는다. 1등을 제외한 나머지는 패배자이지만, 2등은 자신의 뒤에 있는 선수들보다는 우위에 있다는 상대적 안도가, 3등은 역시 자신의 뒤에 있는 선수들보다는 우위에 있다는 상대적 안도감을 갖는다. 어떤 위안도 받지 못하는 쏠찌는 어떤가?

만약 이 게임을 혼자 하는 것으로 바꿔보면 어떤 현상이 벌어질까? 혼자 하는 게임은 어차피 타인과 우열을 가리는 것이 아니므로 아무도 관심을 갖지 않을 것이다. 오직 중요한 의미를 지니는 건 게임에 참가한 자기 자신뿐이다. 혼자 뛰는 선수는 타인을 의식하지 않는 대신 기록에 신경을 쓴다. 상대적 게임에서 절대적 게임으로 룰이 바뀐다. 경쟁 대상이 어제의 내가 된다.

남 대신 스스로를 경쟁 상대로 바꾸면 상대적인 박탈감, 상대적인 열등감에서 자유로울 수 있다. 오직 나 스스로의 발전에만 집중하면 된다. 나는 세상에서 유일무이한 단 한 사람이지만 나에게 영향을 미치는 사람은 나를 빼고 전부다.

내 삶의 기준점을 타인과의 경쟁으로 삼는다면 끊임없이 그들에게 자극을 받고 영향을 받을 수밖에 없다. 물론 좋은 의미의 자극제는 필요하다. 언제든 열린 자세로 귀를 활짝 열고 편견을 갖지 않아야 한다. 그래야 기회도 잡을 수 있다.

하지만 남과 싸워서 이기는 영원한 승자는 존재하지 않는다. 신기록은 새로운 도전자에 의해 깨지게 마련이다. 아무리 불멸할 것 같은 우수한 기업도 언젠가는 새로운 도전자에게 자리를 내준다. 짧게 보면 남과의 경쟁에서 승부가 결판난 것 같지만 길게 보면 승부는 아직 결정되지 않았다. 그 짧고 작은 승리 따위에 도취되거나 패배감을 가진다면 기나긴 인생을 순조롭게 살 수 없다.

"최고의 전략은 경쟁하지 않는 것, 내가 좋아하는 제품을 더 잘 만드는 것입니다. 누군가 나보다 낫다고 해서 내가 꼭 실패하는 건 아닙니다. 반대로 내가 상대를 실패하게 할 수 있을까요? 그럴 시간 있으면 자신의 제품을 더 잘 만드는 데 힘써야 합니다. 가장 좋은 전략은 경쟁 자체를 하지 않는 것입니다."

이는 에버노트 창업자이자 CEO인 필 리빈이 한 말이다. 그는 스마트폰 메모 어플 단 하나의 아이디어로 에버노트를 기업가치 1조 원의 세계적 기업으로 만들었다. 남과의 비교는 끊임없는 경쟁을 낳는다. 남과 경쟁에 신경을 쓰면 더 뛰어날 것 같지만, 처음의 독창적인 나다움을 잃어버린다. 기준점이 남이 되기 때문이다. 남을 이기기 위해 내 것에 덕지덕지 살을 붙이고 덩치를 키우면 잘될 것 같지만, 이미 나의 정체성을 잃었기 때문에 아무것도 아닌 게 된다.

경쟁을 뛰어넘어야 한다. 경쟁의 의미와 대상을 남에게서 찾지 말고 내 안에서 찾아야 한다. 그래야 남과의 경쟁이 무색해진다. 다른 사람보다 무엇을 더 잘하겠다가 아니라 어제의 나보다 오늘의 내가 더 나아지겠다고 다짐하라.

•
•

• The reason why I'm happy for being alone •

교육에 대한 사랑 방정식

:

엄마와 자녀의 교육에 대한 재미있는 실험 두 개가 있다.

첫 번째 실험은, 초등학교 저학년생 자녀를 키우는 한국 엄마와 영국 엄마가 아침 등교 전에 어떻게 준비하는지를 관찰했다.

한국 엄마는 자고 있는 딸을 흔들어 깨우는 것으로 아침을 시작한다. 침대에서 계속 뒤척이는 아이에게 엄마는 양말을 신기고, 옷도 입혀주며 식탁에 앉아서 밥을 먹을 땐 직접 입 안으로 떠먹이기까지 한다.

반면, 영국 아이는 스스로 일어나며 창문을 열고 입고 갈 옷을 직접 고른다. 옷을 입는 솜씨가 아직 능숙하지 않지만 엄마는 도와주지 않는다. 엄마의 손길은 원피스 등 뒤의 지퍼를 올려야 할 때 가는 정도다.

두 번째 실험은, 엄마와 자녀가 함께 철자의 순서를 바꿔가면서 한 단어를 만드는 게임이었다. 한국 엄마들은 자녀가 문제를 푸는 데 어려워하거나 실수를 할 경우 정답에 가까운 힌트를 직접 알려주었다. 아예 대신 문제를 풀어주는 엄마도 있었다. 이처럼 한국 엄마들은 자녀가 스스로 문제를 해결할 때까지 충분히 기다려주지 않고 적극적으로 개입했다.

반면, 영국 엄마들은 아무리 자녀가 퍼즐을 못 풀고 다음 단계로 나아가지 못할지라도 잠자코 침묵하며 스스로 문제를 해결할 때까지 인내심을 가지고 기다려주었다.

아들 셋을 과외 한 번 안 시키고 서울대학교에 보낸 여성학자 박혜란은 자녀가 학교에서 돌아오면 재미있었냐고 묻는 게 다였다. 공부하라고 간섭하지 않고 철저히 스스로 알아서 하도록 했다. 그녀가 자녀 교육에서 가장 강조한 것 중 하나는 조바심을 갖지 말라는 것이다. 부모가 조바심을 보이면 자녀는 불안할 수밖에 없고, 스스로에 대한 자신감은 약해질 수밖에 없기 때문이다.

훌륭한 부모일수록 느긋하게 기다리며 자녀를 온전히 믿는다. 그 믿음은 자녀에게 그대로 전해져서 정서적인 안정감 속에 자신감 있는 사람으로 성장시키는 원동력이 된다.

실패하지 않고 상처받지 않을 때 성공하는 것이 아니다. 중요한 것은 그런 상황이 왔을 때 어떻게 받아들이느냐에 따라 성장의 양상이 달라진다는 점이다. 한국 아이들은 엄마의 도움으로 어려워하던 문제를 쉽게 풀자 고민하며 찡그린 얼굴에서 환히 웃는 얼굴로 표정이 바뀌었다. 한국 엄마들도 아이의 고민거리를 해결해주었다는 생각에 흡족한 표정이었다. 이만하면 해피엔딩이다.

그런데 여기서 심각한 문제점이 드러난다. 그것은 아이도 엄마도 문제 해결의 주체가 누구인지를 잠시 망각한 채 문제 해결의 결과에만 의미를 두었다는 점이다.

인생을 살다 보면 누구나 어려움에 닥칠 때가 있다. 중요한 건 넘어졌을 때 상처를 감내하고 회복하는 능력이다. 나에게 기쁜 상황이 오면 평소 관계를 멀리했던 사람도 축하해주지만, 어려움에 처했을 때는 관계가 깊던 사람도 모른 체하는 게 현실이다. 그때 필요한 건 스스로 아픔을 딛고 일어서며 다시 원래로 돌릴 수 있는 복원력이다. 그 복원력은 어렸을 때 혼자 힘으로 스스로를 챙기는 습관을 통해 형성된다.

진정 사랑하는 자녀의 행복을 위한다면 어떻게 해야 할까? 당장 눈앞의 문제를 빨리 해결해주는 것은 독이다. 믿음을 가지고 더디더라도 자녀 혼자 하도록 내버려두는 방법을 택해야 한다. 그래야 세상의 갖은 풍파를 딛고 이겨낼 힘을 아이가 스스로 쌓을 수 있다.

사랑은 소유가 아니다. 아무리 가까운 관계일지라도 그 영혼까지 소유할 수는 없다. 사랑은 상대를 하나의 완전한 독립체로 인정하고 믿는 것이다. 내가 아니면 안 된다는 생각이 간섭으로 이어지고 보상 심리로 발전하다가 관계를 그르친다.

　내가 깊이 관여해서 결과물을 실수 없이 빨리 만들도록 하는 것은 진짜 돕는 게 아니다. 스스로 할 수 있도록 인내심을 갖고 기다려주어야 한다. 자녀의 능력을 믿을 때 자녀의 독립심 또한 길러진다. 어려움에 빠지더라도 다시 일어설 자립심이 생김은 물론이다.

• The reason why I'm happy for being alone •

인생의 코팅막

보통 녹이 스는 것은 잘 사용하지 않아서라고 생각한다. 녹스는 것을 방지하려면 부단히 움직여야 한다. 구르는 돌에 이끼가 끼지 않는 것처럼, 꾸준한 움직임은 다른 불순물들이 끼어들 틈을 만들지 않는다.

하지만 우리는 기계처럼 밤낮없이 일할 수 없다. 그보다 효과적인 것은 녹이 슬지 않는 코팅 재료를 입히는 것이다. 만약 매일 쓰는 키보드 자판을 한두 달간 전혀 쓰지 않았다면 다시 사용할 때는 자판을 봐야 할 것이다. 악보를 보지 않아도 될 만큼 익숙한 곡도 오랜 시간이 지나면 악보 없이는 피아노를 칠 수 없다.

그런데 한 번 배운 자전거와 한 번 배운 수영, 한 번 배운 운전은 시간이 한참 지나도 다시 할 수 있다. 예컨대 자전거에 대한 지식은 시간이 지나면 잊히고 다시 떠올리는 복원력은 약해지게 마련이다. 그런데 한 번 배운 자전거는 왜 시간이 한참 지나도 다시 탈 수 있는 걸까?

그것은 작동 원리와 경험이 머리와 근육에 코팅되어 있기 때문이다. 원리를 논리적으로 깨우치고 몸 근육으로 다시 깨우치면 좀처럼 지워지지 않는 코팅막이 형성된다. 원리를 모르는 행동은 크게 발전하기 어렵고, 원리는 알지만 행하지 않는 것은 열매가 없어 번식을 하지 못하는 식물과 같다.

머리는 방향이고, 몸은 동력이다. 자전거는 손잡이가 있다. 손잡이는 방향을 결정한다. 수영에서는 몸 전체가 운전대 역할을 한다. 손발과 몸을 원하는 방향으로 비틀어서 방향을 결정한다. 자전거 타기, 수영, 운전 모두 방향이 있는 점이 공통점이다.

또 하나의 공통점은 세 가지 모두 정적인 상태가 아닌 동적인 상태에서 의미가 있다는 점이다. 그 움직임은 각각 페달, 팔과 다리, 액셀러레이터에 의해 만들어진다. 방향과 동력, 이 두 가지의 단순한 구조는 각각 개별적으로 동작하지 않고 마치 한 몸처럼 움직인다. 머리와 몸이 함께 동작하되, 방향성이 있을 때 비로소 시간이 한참 지나도 좀처럼 지워지지 않는 코팅막이 형성된다.

몸과 머리를 함께 쓰되 방향성을 갖는다면 인생에 지워지지 않는 강력한 코팅막을 가질 수 있다. 그러나 대부분은 몸만 쓰거나, 몸은 안

쓰고 생각만 하는 경우가 많다. 그나마 몸과 머리를 함께 쓰는 경우는 낫다. 하지만 거기에 방향에 해당하는 삶의 올바른 자신만의 목적이 없다면 그것은 방랑자의 삶과 다를 바 없다.

사막에서는 길을 잃기 쉽다. 주위에는 온통 모래언덕뿐이다. 방향감각을 상실한다. 심한 경우 모래 위에 영원히 잠들 수도 있다. 한참을 걸어왔다고 생각했는데, 주변에서만 맴돌 뿐이다. 실제로 비슷한 일이 온통 하얀 눈으로 덮인 알프스산맥에서 있었다. 10일간 길을 헤매다가 극적으로 구출이 되었는데, 알고 보니 반경 6킬로미터 내에서 왔다 갔다 했던 것이다. 방향감각을 잃으면 어떤 한 방향으로든 멀리 가는 것이 아니라, 이처럼 제자리에 맴돌게 된다는 점이 신기하다. 확실히 사람은 방향 없이 살면 결국 제자리걸음의 삶밖에 안 된다.

인생의 큰 방향을 정하고 몸과 마음을 함께 쓰면 설령 풍랑을 맞더라도 앞으로 나아갈 수 있다. 인생의 코팅막은 누가 대신해주는 것이 아니다. 오로지 나 혼자만의 몫이다.

• The reason why I'm happy for being alone •

처음 생각

•
•

    영화를 보면 누구나 자신만의 감상평을 가지게 된다. 똑같은 영화를 보더라도 누구는 감동으로 다가오지만, 누구에겐 지루하기 짝이 없을 수 있다. 사실, 이런 상황은 영화뿐만이 아닌 일상에서도 빈번히 일어난다. 길을 가다가 어느 한 사람이 하늘을 뚫어져라 쳐다보면 궁금해서 같이 하늘을 보게 된다. 사전에 모의하여 세 명이 같이 하늘을 쳐다보고 있노라면 길을 지나던 사람들 역시 하나둘 모여들어 어느새 수십 명의 인파가 아무것도 벌어지지 않는 하늘을 신기하게 쳐다본다.

    멀쩡하게 길을 가던 사람이 인파에 섞여 생각한다.

    '이상하네, 아무것도 없는 하늘에 뭐가 있다고?'

    이 실험을 통해 집단의 동조 현상을 발견할 수 있다. 개인의 견해보다는 남들이 반복하거나 강조하는 행동에 이끌리는 것이다.

누구나 뻔히 아는 문제를 내어 전혀 엉뚱한 답이 정답이라며 우긴다면 어떤 반응을 보일까? 당연히 엉뚱한 답을 주장하는 사람은 이상한 사람이 된다. 하지만 엉뚱한 답에 동조를 하는 사람들이 점점 많아진다면? 상황은 역전이 된다. 그다음부터는 엉뚱한 사람은 오히려 정답을 맞힌 사람이 되어버린다. 집단 동조의 편향성이다.

두 사례에서 알 수 있는 점은 사람들은 자신이 원래 믿고 있던 사실을 끝까지 견지하는 게 아니라, 대다수가 옳다고 생각하는 어떤 사안에 대해 자신의 입장을 바꾼다는 것이다. 왜 이런 일이 벌어질까? 사람은 본능적으로 혼자 남겨지는 것에 대한 두려움이 있기 때문이다. 실패에 대한 두려움 또한 같이 연관되어 있는데, '실패=혼자'라는 공식이 성립되는 것이다.

반면, '다수=성공' 또는 '다수=실패하지 않음'을 의미한다. 그래서 사람들은 흔히 묻어간다는 표현을 쓴다. 즉, 대다수가 하는 행동을 따르면 최소한 위험한 결과는 피할 수 있거나, 손해 보는 일은 없을 것이라는 믿음이다. 많은 사람이 가는 길에는 분명 그 나름의 합당한 이유가 있겠거니 지레 짐작한다. 그래서 인기 직종과 인기 학과의 쏠림 현상이 벌어진다. 남들이 선호하면 깊은 고민 없이 편승한다. 남들이 선호하는 학과에 나의 적성과 개성은 무시한 채 일단 합류하고 본다.

길을 가다가 줄이 길게 늘어서 있는 모습을 보면 갑자기 궁금해진다. 그곳엔 뭔가 인기를 끄는 대단한 게 있을 거라 생각한다. 낯선 곳에 여행을 하다가 맛집을 찾는 간단한 비결은 가게 앞에 주차된 차가 얼마나 많은지를 보는 것이다. 사람들이 많이 가는 곳은 맛도 좋을 거라고 판단한다. 물론 상당 부분 일치한다. 이런 경험에 익숙해지면 사람들이 많이 선택하는 것은 일단 '안심'이라는 보증표를 머릿속에 저장한다.

A는 왠지 재미있을 것 같은 영화를 보려고 가장 먼저 검색해서 다른 사람들의 평을 살펴본다. 그런데 자신의 기대와는 달리 평균 평점은 7점대로 낮고, 사람들의 평들도 나쁜 편이다. 갈등이 생긴다. 이 영화를 봐야 할지 말아야 할지. 결국 고민하다가 보기로 용감하게(?) 결정한다.

A는 영화를 보고 나서 정말 보기를 잘했다고 생각한다. A는 자칫 다른 사람들의 평에 좌우되어 기억에 남을 영화를 못 볼 뻔했지만, 자신의 처음 생각을 따랐기 때문에 좋은 체험을 했다.

이번엔 반대의 경우를 보자.

B는 영화를 보려고 검색을 하다가 요즘 인기 있는 영화라고 해서 사람들의 평을 들여다보았다. 평점은 8점대로 나쁘지 않고, 평들도 대체로 괜찮다. 하지만 정작 본인이 좋아할 만한 영화는 아닌 것 같다. 하지만 남들이 좋다고 하니까 최소한 실망은 하지 않을 거라는 생각에 안전한 선택(?)을 한다. 하지만 B는 영화가 상영되는 동안 관람을 포

기하려는 몇 번의 충동을 간신히 억누르며 영화가 끝날 때까지 그 지루한 시간을 인내했다.

이 두 사례의 시사점은 무엇일까? 집단의 평가가 반드시 나의 평가와 일치하지 않을 수 있다는 점이다. 그렇다면 집단의 관점과 다른 A나 B는 비정상적으로 뭔가 유별난 사람인 걸까?

영화를 볼 때 평론가의 평점이나 평가를 신뢰하여 영화를 선택하는 사람은 드물다. 평론가들은 대체로 평점을 짜게 준다. 그래야 평론가들의 권위가 서기 때문인 것은 아니다. 평론가들은 영화를 평가하는 기준이 대중과 다른 것뿐이다. 관점의 차이다. 그래서 평론가의 점수는 낮지만 대중적으로 성공한 영화는 많다.

흥행에 성공한 영화라고 해서 누구에게나 완벽한 영화는 아니다. 반대로 흥행에 성공하지 못한 영화라고 해서 작품성이 떨어지거나 재미가 없는 것만은 아니다. 중요한 것은 영화를 보든 물건을 사든 선택의 기준을 대중적 흥행으로만 판단하지 말아야 한다는 점이다.

선택의 기준은 자기 자신에게 얼마나 적합한지가 되어야 한다. 가장 대중적인 문화 콘텐츠인 영화를 볼 때조차도 남들의 평가를 우선시한다면 언제 자신을 선택의 판단 기준으로 삼을 수 있겠는가?

마음이 닿고 느낌이 가면 일단 저지르고 나서 그다음에 다른 사람의 평가를 봐도 늦지 않다. 남들이 평가한 베스트셀러보다는 나 자신의 마음이 이끄는 베스트마인드를 사라.

씨앗처럼

•

•

가을이 되면 대추나무에 알알이 여물어가는 대추의 빛깔이 참 곱다. 잘 익은 대추 하나 입에 넣어 깨물면 달착지근한 맛과 향이 기분을 좋게 한다. 생대추는 사각사각 씹히는 맛도 있다. 그런데 그 작은 대추 속에는 매우 단단하고 납작한 단 한 개의 갈색 씨앗이 있다.

세상의 씨앗은 크게 두 종류이다. 단단한 씨앗과 무른 씨앗. 나무가 맺는 과실 속 씨앗은 대개 단단하다. 사과, 복숭아, 배, 감, 레몬, 포도, 수박…….

반면 키위, 귤 등의 씨앗은 무르다. 풀 종류는 대부분 씨앗이 무른 편이다. 딸기, 바나나, 토마토, 오이 등이 대표적이다. 물론 풀 종류라고 해서 무른 씨앗만 있는 것은 아니다. 참외와 호박은 씨앗이 단단한 편이다.

　단단한 씨앗은 왜 무르지 않은 외형을 선택했을까? 식물에게 씨앗은 생애 가장 중요한 종의 번식을 위한 도구이다. 식물은 동물이나 사람에게 맛있는 영양분이 담긴 과실을 제공하는 대신 후대를 이을 씨앗도 함께 전달한다. 결정적으로 씨앗이 단단하면 먹을 수 없으므로 버려지게 되는데, 이때 자연스럽게 땅 위에 안착하면서 새 생명이 태어날 기반이 마련된다. 예컨대 바람에 떨어진 도토리 열매는 그 자체가 씨앗이 되어 땅속에 뿌리를 내린다. 무르익은 사과나무는 사과를 땅에 떨어뜨리는데, 시간이 지나 사과가 썩으면 과즙과 수분은 미생물과 새의 먹이가 된다. 그렇게 제일 마지막에 남는 것이 씨앗이다. 홀로 남겨진 작은 씨앗 하나는 생명을 이어간다. 그 단단함이 후세를 잇게 한다.

　같은 맥락이다. 인간이 타인으로부터 쉽게 휘둘려 자신의 주체성을 상실하지 않기 위해서는 씨앗처럼 굳은 내면의 심지가 필요하다. 대추씨처럼 굳은 내면의 심지를 갖으려면 자기 생각을 가지고 있어야 한다. 그 생각이 옳건 그르건 간에 일단 생각하는 게 있어야 한다. 그래야 순화 과정의 기회를 통해 자신을 발전시킬 수 있다.

　하지만 자기 생각 자체가 없다면 다른 사람의 말에 쉽게 동조되거나 이끌리게 된다. 그 다른 사람이 제대로 된 사람이라면 다행이겠으나, 그렇지 않을 경우는 피해를 입기도 한다. 생각하지 않는 것은 자신을 무방비 상태로 만드는 길이다. 상대방이 아무리 매력적인 제안을 하더라도 그것은 일단 내 생각이 아니라 상대의 생각이다.

컴퓨터 프로그래밍의 순서도에는 반드시 들어가는 것이 있다. 직사각형과 마름모다. 순서도에서 마름모는 판단이다. 아무리 성능 좋은 컴퓨터라 할지라도 인간의 복잡한 두뇌를 따라가지는 못한다. 컴퓨터는 인간을 흉내 낼 뿐이다.

인간과 컴퓨터의 판단 과정의 차이점은 무엇일까? 인간은 어느 하나의 문제에 직면했을 때 있을 수 있는 온갖 시나리오를 만들어낸다. 무수히 많은 생각의 결론은 'yes' 또는 'no'이거나 판단 보류 또는 아예 그 문제를 버리기도 한다. 하지만 컴퓨터는 다르다. 미리 시나리오가 짜여 있고 각본대로 경우의 수에 대해 미리 정해둔 액션을 따를 뿐이다.

생각은 있지만 그 생각의 중심이 내가 아닌 다른 사람일 때 문제가 발생한다. 스스로에게 질문을 해보라. 다른 사람의 이목을 생각해서 본래 자신의 생각과는 달리 '내 것이 아닌 이미지'를 만들고 있지 않은지를……. 그 이목이 과연 내 삶에 중요한 의미를 지니는지를……. 그 이미지를 만들면 정작 웃는 사람은 누구인지, 나는 그들이 보지 않는 곳에 숨어서 고통을 감내하며 속 태우지는 않는지를…….

• The reason why I'm happy for being alone •

07

대안이 있는 삶

•
•

　뭔가 대안을 가진 사람은 자신감이 있다. 어느 특정한 대상에 연연하지 않고 집착하지 않는다. 삶에는 예기치 못한 리스크가 늘 존재한다. 그래서 불확실한 미래를 대비하는 보험 산업이 성장하는 것이다.

　연금보험, 생명보험, 건강보험, 운전자보험 등 성인이면 기본적으로 들어둔 보험이 여러 개 있을 것이다. 그런데 이렇게 보험은 잘 들어놓고선 정작 살아가는 수단에 대한 보험은 들어놓은 게 없다. 살아가는 수단에 대한 보험이란 현재 종사하고 있는 직업에 대한 대안을 말한다. 대안이 필요하지 않은 사람이라면 그는 분명 행운아다.

　홀로 서지 않아도 될 때 홀로 설 준비를 해야 한다. 그래야 홀로 서지 않으면 안 될 상황이 닥쳤을 때 타격을 입지 않을 수 있다.

열린 마음, 또 다른 가능성의 세계가 널려 있다는 믿음이 필요하다. 그래야 세상이 달리 보이고 새로운 기회가 눈에 들어온다. 나의 일밖에 모르는 사람은 정작 내 일이 없어졌을 때를 생각하지 못한다. 나의 일이 없어지기 전에 내일을 대비해야 한다. 내 일과는 전혀 관계없는 분야의 세미나, 강연도 들어보고 다양한 책도 읽으며 견문을 넓혀보라. 매번 만나는 사람들만 만나지 말고 새로운 사람들과도 만날 기회를 만들어라. 지금 하고 있는 자신의 일이 세상의 중심이라는 생각이 들겠지만, 막상 그 중심이라는 원에서 벗어나 있을 때 그 원을 바라보면 그 원은 세상의 큰 원을 이루는 하나의 작은 원이라는 것을 깨닫게 된다.

제주도에는 김녕 미로공원이 있다. 그곳에 들어가면 여기저기 벽으로 가려져 있어 위치감각을 잃게 마련이다. 하늘에서 바라다보면 아주 작은 거리를 두고 헤매고 있는 자신의 모습에 웃음이 나올 것이다. 진정한 깨달음은 자신이 있던 그 자리를 벗어날 때 비로소 온다. 크게만 느껴졌던 그 자리가 작게 보일 것이다. 사람은 누구나 자기중심적인 사고를 가지고 있기 때문에 자기가 하는 일은 커 보이고 남이 하는 일은 작아 보이게 마련이다. 아니 그렇게 믿고 싶은 게 사람 심리이다. 그 자기중심적인 사고를 깰 때 시야가 확 트일 것이다.

다양한 기회의 장에 스스로를 노출시켜라. 어떤 재능과 어떤 잠재력을 가지고 있는지 자기 자신도 잘 모르는 게 인간이다. 하고 싶은 일뿐만 아니라 별로 내키지 않은 일에서도 어쩌면 잠재력을 찾을 수 있을지 모른다. 중요한 건 모든 가능성을 열어두는 자세다.

세상에서 가장 무서운 사람은 편견 없이 경청을 잘하는 사람이다. 남들에겐 지나치는 것들도 그에겐 쏙쏙 들어온다. 될지 안 될지 판단을 미리 하는 것은 싹이 나기도 전에 나무가 자라지 않는다고 흙을 갈아엎는 것과 다르지 않다. 싹을 보고서 판단해도 늦지 않다. 적어도 싹이 나기까지 물을 주고 햇볕을 쬐어주는 동안 기다릴 여유 정도는 있어야 하지 않을까?

대안을 갖기 위해서는 자신에게 적합한 대안을 알아볼 수 있도록 끊임없이 탐구해야 한다. 너무 멀리서 찾을 필요는 없다. 진리는 의외로 가까운 곳에 있다. 대안을 찾았다면 당신은 정말 운이 좋은 사람이다. 이제 그 대안이라는 알이 잘 부화되어 새 생명이 제대로 자라도록 가꾸는 일만 남았다. 대안을 가진 당신은 이제 이전보다 자신 있고 당당한 눈빛으로 회사 일도 더 안정적으로 처리할 수 있을 것이고, 대안의 삶을 가꾸기 위해 적절히 시간도 배분하게 될 것이다. 예전처럼 바쁜 건 여전하겠지만 달라진 건 더 이상 불확실한 현재에만 매달리지 않고, 나를 위한 희망찬 미래를 가꾸는 일에도 매진한다는 것이다. 그렇게 혼자 설 수 있는 기반을 조금씩 일구어나갈 것이다.

• The reason why I'm happy for being alone •

나는 나만의 것

·
·

난 싫어 이런 삶 새장 속의 새처럼
난 싫어 이런 삶 인형 같은 내 모습
난 당신의 소유물이 아니야
내 주인은 나야

난 원해 아찔한 외줄 위를 걷기를
눈부신 들판을 말 타고 달리기를
난 상관없어 위험해도 그건 내 몫이야

그래 알아 당신들 세상에서 난 어울리지 않겠지

하지만 이런 날 가둬두지 마
내 주인은 바로 나야

저 하늘 저 별을 향해서 가고 싶어
한 마리 새처럼 자유롭게 날아갈래
난 나를 지켜나갈 거야
난 자유를 원해

난 싫어 그 어떤 강요도 의무들도
날 이제 그냥 둬 낯선 시선들 속에
숨이 막혀버릴 것 같아
난 자유를 원해

당신들의 끝없는 강요 속에 내 몸이 묶인다 해도
내 영혼 속 날개는 꺾이지 않아
내 삶은 내가 선택해

새장 속 새처럼 살아갈 수는 없어
난 이젠 내 삶을 원하는 대로 살래
내 인생은 나의 것 내 주인은 나야

난 자유를 원해

자유

_미하엘 쿤체 작사, 실베스터 르베이 작곡, 뮤지컬 〈엘리자벳〉

1837년 성탄절 이브의 날, 독일 뮌헨에서 태어난 엘리자벳은 1990년 대 초반 빈에서 뮤지컬로 재탄생되었다. 뮤지컬 〈엘리자벳〉은 전 세계적으로 1천만에 가까운 공연 횟수를 이어가는 흥행을 기록했고 지금도 무대 위에 오르고 있다.

도대체 엘리자벳이라는 인물이 어떤 삶을 살았기에 사후에도 그토록 회자되며 세인들의 인기를 한 몸에 받는 걸까? 뮤지컬 〈엘리자벳〉에서는 대중예술이라는 장르를 통해 독창적인 상상력으로 그녀를 조명했다. 그 대표적인 게 의인화된 '죽음'이다. 실제 엘리자벳이 남긴 많은 일기에는 '죽음'이 자주 등장했는데, 이를 모티브로 해서 '죽음'에 생명을 불어넣은 방식이 신선하다.

'죽음'은 갈수록 불행에 빠져 있는 엘리자벳을 그의 곁으로 데리고 오기로 결정하면서 루케니라는 인물에게 임무를 부여한다. 루케니는 죽음의 명령에 따라 엘리자벳의 죽음은 그녀 스스로가 원했기 때문이라고 자신을 변론하며 100년간 왜 자신에게 죄를 묻는지 알 수 없다는 반응을 보인다. 뮤지컬은 루케니가 엘리자벳의 파란만장했던 삶을 되돌아보는 과정을 보여주면서 한 시대를 넘어 그녀를 짓눌렀던 삶의 베일이 하나씩 벗겨지기 시작한다.

엘리자벳은 세기의 절세미인이었다. 61세의 삶을 살기까지 키 172센 티미터에 몸무게는 50킬로그램을 넘지 않았고 허리둘레 19~20인치 를 유지할 만큼 자기관리가 철저한 여성이었다. 막시밀리언 공작의 딸인 엘리자벳은 아직 철이 들지 않은 순진한 말괄량이 성격의 밝은 소녀였다. 그러던 어느 날 말을 타면서 장난을 하다가 그만 떨어져 숨 을 거두려는 찰나, 죽음(가상 인물)은 그런 엘리자벳을 너무나 사랑한 나머지 목숨을 되살리고는 그녀 곁을 맴돌며 따라다닌다.

프란츠요제프 1세는 엘리자벳의 사촌오빠였는데, 우연히 언니와 프 란츠요제프 1세가 맞선을 보는 자리에 함께 나갔다. 그때 프란츠요제 프는 그녀에게 반했고, 아직 한창 뛰어놀 16세의 어린 나이였던 엘리 자벳은 그렇게 오스트리아-헝가리 제국의 황후가 되었다.

하지만 결혼을 처음부터 극렬히 반대했던 프란츠요제프의 어머니 인 대공비 소피와의 갈등은 끊이지 않는다. 갈등은 시어머니와 며느 리의 갈등에서 끝나지 않고 최상류층의 보수적이고 억제된 절제 문화 와의 갈등으로 발전한다. 그러는 와중에 첫째 딸을 잃고 남편마저 바 람을 피자 삶의 회의와 깊은 절망감에 그녀는 요양을 핑계로 궁을 나 와 자유의 삶을 찾아 세상을 떠돈다. 자유로운 사상을 신봉했던 아들 루돌프 황태자 또한 아버지 프란츠 황제와 충돌하며 그의 어머니 엘 리자벳을 찾아와 도움을 요청하지만 이미 황실에 마음이 떠난 엘리자벳은 아들의 부탁을 들어줄 마음의 여유가 없어 이를 거절한다. 실의에 빠진 루돌프는 자살을 선택한다. 더 큰 충격과 절망에 빠진 엘리자벳은 결국 스위스의 어느 마을에서 무정부주의자 루케니의 칼에 목숨을 거두며 막을 내린다.

만약 엘리자벳이 시어머니에게 적당히 머리를 숙이고 비록 자신이 원하지 않지만 불편한 생활을 감내했더라면 이런 불행한 삶을 살았을까? 엘리자벳은 남들이 부러워할 지위와 권위를 얻었지만, 정작 자신에게 궁전의 삶은 맞지 않은 옷을 입은 것처럼 어울리지 않았다. 불행의 기로에서 과감한 탈출을 선택한 엘리자벳의 심리 상태를 잘 보여주는 극중 노래가 있으니, 바로 '나는 나만의 것'이다.

엘리자벳은 분명 불행한 삶을 살았다. 사람들은 대개 해피엔딩을 좋아한다. 그래서 영화나 연극 대부분이 해피엔딩으로 결말을 맺는다. 주인공은 대부분 평탄하지 않은 삶을 산다. 갖은 고난과 역경이 찾아든다. 하지만 포기하지 않고 극복하며 결국 문제는 해결되고 상황은 마무리된다. 지금까지의 대부분 영화나 소설은 이 구조를 따른다. 왜? 대중이 원하니까.

그렇다면 왜 사람들은 불행한 삶으로 마감했던 엘리자벳에게 지대한 관심을 보이는 것일까? 그것은 삶의 선택을 외부의 힘에 맡기지 않고 자신이 생각하는 가치관을 따라 어떠한 고난이 와도 진정한 자기다움을 잃지 않으려 했던 엘리자벳의 태도가 시대를 초월한 감동을 주기 때문일 것이다.

한 번쯤 '과정'과 '결과' 어느 것에 더 중요한 의미를 두어야 하는지를 놓고 고민한 적이 있을 것이다. 그 답은 무엇일까? 내가 생각한 그 답이 앞으로도 계속 유효할까?

뮤지컬 〈엘리자벳〉은 화려한 캐스팅, 음향, 의상, 무대효과는 차치하고 스토리의 결과는 암울하기만 하다. 답답한 새장 속을 벗어나 자유를 찾은 듯싶지만 결말은 슬프다.

사람들은 흔히 세 가지 힘을 손꼽는다. 권력, 권위, 돈이 그것이다. 이 중 단 한가지만이라도 가진다면? 하지만 대부분은 이 세 가지 중 어느 한 가지라도 제대로 소유하고 있지 않기 때문에 그 비워진 공백을 채우려 인생을 바삐 굴린다. 그런데 권력이 생기더라도 권위가 자동적으로 주어지는 것은 아니다. 엘리자벳은 황후의 권력이 생겼지만, 그 시대 최상위층의 황후로서 갖춰야 할 지식, 학식, 예의, 교양 등의 정신적인 면모까지 부여받은 것은 아니었다. 그것은 남이 가르쳐준다고 하더라도 스스로 노력해서 얻어야 하는 사후 개념의 성격이기 때문이다.

엘리자벳은 권력과 돈은 얻었지만, 권위는 선택하지 않았다. 그 권위를 얻으려면 자신이 원하는 삶을 포기하고 타협하며 때로는 진실을 속여 거짓말까지 해야 한다는 것을 엘리자벳은 알고 있었다.

겉으로 돌아가는 사회는 결과를 중시하지만, 정작 우리 마음속엔 살아가는 과정의 진실한 노력에 대해 인정해주고 고생했다며 스스로 토닥여줄 따뜻한 마음이 존재하고 있다. 평상시 그런 마음이 있는지조차 모를 정도로 자신을 망각한 바쁜 삶을 살아가다가도 내면이 추구하는 비슷한 모습을 타인에게서 보았을 때 그제야 잊었던 것을 상기하며 감동한다.

'그래, 나만의 나를 찾으려는 엘리자벳이 내 안에도 있었던 거야. 나 또한 나만의 내가 필요해.'

'그래, 난 그동안 나를 잊고 지내왔어. 바쁘다는 핑계로……. 그런데 엘리자벳은 내가 가지고 싶었던 것을 모두 갖고 있었지만, 정작 그녀에겐 쓸모없는 짐에 불과했지. 결국 자신에게 어울리지 않은 짐을 털고 자유로운 삶을 택했어. 그것이 비극의 결말로 끝났다 할지라도 어쩌면 천상에서는 자유로울 수 있을 거야.'

• The reason why I'm happy for being alone •

새의 균형 감각

새는 가녀린 나뭇가지에도 한 치의 흔들림 없이 단번에 앉는다. 보기만 해도 앙상하여 부러질 것 같은 나뭇가지 위에 새는 무엇을 믿고 그토록 과감하게 행동을 하는 걸까?

새는 떨어질 것에 대한 두려움 자체가 없다. 새는 자신의 날개를 믿는다. 설사 나뭇가지가 부러지더라도 갑작스런 추락에서 구해줄 튼튼한 두 날개가 새에게는 있다. 흔히 새의 날개는 비행할 때만 사용하는 것으로 생각한다. 하지만 새의 날개는 또 다른 수단으로도 사용된다. 바로 중심을 잡는 일에도 중요한 역할을 하는 것이다. 나뭇가지에 앉은 새는 바람이 불면 흔들리게 되어 중심을 잃기 쉽다. 이때 새는 중심을 잡기 위해 날개를 편다. 바람이 세게 불자면 날개를 더 크게 펼쳐

몸의 중심을 잡는다.

사람에게 새처럼 자신을 믿기 위해 필요한 것은 무엇일까? 사람은 위험에 빠지거나 어려운 일에 봉착할 때 남에게 도움의 손길을 바란다. 하지만 그 도움을 바라는 손길을 잡아주는 사람은 거의 없다. 평소 평탄한 인간관계는 현재 눈에 보이는 상태의 나이기 때문에 유지되는 것이지, 곤란한 처지에 놓이거나 어려운 부탁을 하는 또 다른 나의 모습까지 포용되는 것은 아니다.

결국 위기의 순간에 믿을 수 있는 사람은 자기 자신뿐이다. 자생력이 없으면 살아가기 힘든 세상이다. 살다 보면 혼자 남겨지는 때가 반드시 찾아온다. 그때 다시 일어설 힘이 있어야 한다.

어린 시절, 뛰어가다가 넘어지면 종종 엄마가 일으켜 세워주었지만, 어느 순간부터는 넘어져도 더 이상 엄마는 도와주지 않는다. 스스로 일어서야 하는 상황이 온 것이다. 하지만 아이는 엉엉 울면서 도와주지 않는 엄마가 그저 원망스러울 뿐이다. 지켜보는 엄마의 마음이라고 편할 수만은 없으리라. 하지만 그런 과정을 몇 번 반복하다 보면 결국 아이는 엄마의 도움 없이도 의연히 일어선다. 그동안 넘어지면 혼자 일어설 수 없을 거라고 생각했지만, 그 누구의 도움 없이도 일어설 수 있다는 것을 조금씩 경험하면서 자신을 의지할 믿음 또한 생긴 것이다.

왜 엄마들은 넘어져 우는 아이를 바로 일으켜 세우지 않고 스스로 일어서길 기다리는 걸까? 그 이유는 다름 아닌 아이 자신을 위해서다. 체험을 통해 위기를 혼자 극복할 수 있다는 믿음과 자신감을 심어주기 위함이다. 엄마는 아이가 혼자 일어설 수 있기를 바란다. 물론 그럴 수 있음을 믿는다.

'할 수 있어!'

엄마가 아이의 자립심을 키우는 것은 험난한 세상에서 세파에 흔들리지 않고 잘 성장해서 행복하기를 바라는 사랑의 마음이다. 홀로 설 수 있을 때 남들과도 잘 어울릴 수 있다는 것을 알기 때문이다.

사람이 새처럼 자신을 믿기 위해 필요한 첫 번째는 바로 자기 자신에 대한 믿음이다. 새와 인간이 다른 점은 새의 날개는 형체가 있지만, 인간의 날개에는 형체가 없다는 것이다. 눈에 보이지 않아서 그 날개가 없다고 생각하지만, 실은 그 날개는 나의 마음속에 있다. 믿음이란 반드시 사실과 실존적 경험에 의해서만 생기는 것은 아니다.

아인슈타인은 다른 학자들에 비해 유별난 점이 있었는데, 그것은 실험을 좀처럼 하지 않는 것이었다. 대개 물리학은 실험을 통해 이론을 증명하고, 수정하고, 발전시키는 과정을 따른다. 그런데 아인슈타인은 머릿속에서 생각한 관념과 이론을 믿었다. 다른 학자들은 이론을 실험으로 증명함으로써 다른 사람들이 믿게끔 하였는데, 아인슈타인은 굳이 실험을 하지 않았다. 아인슈타인은 지식보다는 자신의 상상을 믿었다.

수학은 인류의 과학 기술 발전을 이끈 기초 학문이다. 명확하게 떨어지는 공식의 증명은 논란의 여지가 없다. 역사와 인문학은 답 없이 얼마든지 다른 해석과 다른 관점의 접근이 허용되지만, 수학에는 딱 떨어지는 정답이 있다.

하지만 당장 답을 낼 수 없는 질문이 세상의 패러다임을 바꾸고 혁신을 이끈다. 기존 질서에 반하는 엉뚱한 질문이 새로운 진화와 발전의 전환점을 마련한다. 답은 이미 정해진 것이 아니라 그러한 질문들이 먼저 행동으로 빠르게 전환되고 뒤늦게 답이 만들어진다. 흥미로운 것은 그 답이라고 생각했던 것들도 또 다른 새로운 시도와 질문들에 의해 계속 변화된다는 점이다.

실체가 있고 증명이 되며 답이 있어야만 믿음이 생기고 세상을 바꾸는 것은 아니다. 나도 할 수 있다는 믿음이 반드시 근거가 있고, 기댈 곳이 있어야만 하는 것은 아니다. 일단 그런 마음가짐을 갖기 시작하면 방법을 찾게 되고, 그럴 때 기회를 잡을 수 있다.

하지만 대부분은 그 반대로 한다. 방법이 있고 기회가 있어야 믿음이 생길 거라 생각한다. 물론 주변 환경과 여건이 갖춰지면 좋겠지만, 실제 그런 경우는 극히 일부다. 그런 소수의 세계로 수직 이동하려고 생각하니 마음의 벽만 높아지는 것이다.

나 스스로도 믿지 않는 나를 그 누가 믿어주겠는가? 새의 날개처럼 내게도 나만의 날개가 있다고 믿으라. 실존이 세상을 움직이는 것 같지만, 실은 믿음이 세상을 움직인다. 믿음으로 이루어지고 믿음으로 바뀌어가는 게 바로 세상이다. 당신에겐 이미 행복의 두 날개가 있다. 언제까지 그 날개를 포개고만 있을 것인가? 행복의 날개는 언제든 날 준비가 되어 있다.

• The reason why I'm happy for being alone •

혼자의 별

서늘한 밤공기에 이끌려
나 혼자 뜰 앞을 거닐다가
문득 올려다본 하늘에
수없이 반짝이는 별빛이
내 텅 빈 가슴으로 퍼져온다.

세상의 모든 그리움은
밤하늘에 별로 떠 있고
세상의 모든 추억도
밤하늘에 별로 비춘다.

수줍게 웃음 짓는 별 하나
해맑게 웃음 짓는 별 둘
보고파 웃음 짓는 별 셋

그리운 당신이
먼 곳에 있어도
눈앞에 없어도
은은하게 수놓은
까만 밤의 공간들 속에
엄마 별, 꼬마 별 하나가
내게 살짝이 웃음 지으며
반짝거린다.

어느새 별빛은
내 가슴에 내려앉고
짙은 어둠의 숨결들도
스르르 고이 잠드는 밤

눈물로 번져
희미해진 별빛이
가슴 가득히 아롱지며
따스한 체온으로 스며든다.

하나는 완전하다.
하나라서 부족한 것이 아니고
하나가 되지 못해 부족한 것이다.

혼자라서
행 복 한
이   유

초판 1쇄 인쇄 2016년 1월 18일
초판 1쇄 발행 2016년 1월 27일

지은이 | 오정욱
펴낸이 | 김의수
펴낸곳 | 레몬북스(제 396-2011-000158호)
주 소 | 경기도 파주시 문발로115, 세종출판벤처타운 404호
전 화 | 070-8886-8767
팩 스 | (031) 955-1580
이메일 | kus7777@hanmail.net

ⓒ 오정욱

ISBN 979-11-85257-31-0 (03320)

이 도서의 국립중앙도서관 출판예정도서목록(CIP)은 서지정보유통지원시스템 홈페이지
(http://seoji.nl.go.kr)와 국가자료공동목록시스템(http://www.nl.go.kr/kolisnet)에서
이용하실 수 있습니다. (CIP제어번호 : CIP2015036192)